RING

DERNIÈRE CRISE AVANT L'APOCALYPSE

JEAN-BAPTISTE GIRAUD
JACQUES BICHOT

DERNIÈRE CRISE AVANT L'APOCALYPSE

DOCUMENT

ring.fr
ÉDITIONS RING

Collection
DOCUMENT
–
RING
www.ring.fr
–

À tous les enfants de notre petite planète

Avant-propos

La pandémie qui a frappé la quasi-totalité du globe terrestre nous confirme que nous sommes entrés dans une ère planétaire : on ne peut plus regarder seulement la France, ou seulement l'Europe, ou seulement les pays membres de l'OCDE.

Notre sort se joue aussi bien à Wuhan, l'agglomération de Chine centrale à partir de laquelle s'est répandu le Covid-19 et où vivent une dizaine de millions de personnes, au Caire (10 millions), à Bombay (12,5 millions), à São-Paolo (12 millions), à Lagos (21 millions), villes surpeuplées où les moyens de traiter les questions sanitaires sont insuffisants, qu'à New York, Londres, Paris ou encore Milan.

Il se joue aussi à Mourmansk, ville beaucoup moins peuplée, mais qui donne accès à l'Arctique, zone polaire à laquelle le réchauffement climatique va donner une grande importance, ou encore à Addis-Abeba, capitale de l'Éthiopie, pays clé pour le développement de l'Afrique. La liste est en réalité longue comme le bras ; Paris et la France ne sont pas dans le haut du tableau, loin s'en faut.

EST ARRIVÉ LE TEMPS DE L'INTERDÉPENDANCE

Il est arrivé le temps du monde fini, de la planète interconnectée où chacun dépend, de façon compliquée, mais bien réelle, de milliards d'autres humains. Avec la crise du Covid-19, on prend conscience de la pertinence de la théorie appelé « effet papillon », qui peut être présentée sous une forme humoristique : les battements des ailes de papillons au Brésil pourraient influencer le temps qu'il fait au Texas ! De plus en plus, tout dépend de tout, mais l'intelligence consiste à ne pas prendre les influences minimes (les battements d'ailes de ces insectes) comme équivalentes aux influences fortes – le *Gulf Stream*, par exemple, pour en rester aux questions climatiques.

Le (court) épisode du cargo d'*Evergreen* au mois de mars 2021 bloquant le canal de Suez pendant une dizaine de jours, et de ce fait 10 à 12 % du trafic maritime mondial, était une sorte de piqûre de rappel. Ce canal incarne parfaitement la fragilité de la mondialisation. Quand ce n'est pas un canal qui se bouche, c'est Internet qui tousse et paralyse des pans entiers de l'économie pendant quelques minutes, voire quelques heures. Cet épisode nous rappelle aussi, combien l'humanité a changé depuis un siècle et demi : l'Égypte ne comptait que trois à quatre millions d'habitants en 1800 ; en 2021, le même territoire doit faire vivre plus de 100 millions d'habitants ! Ce dont il est totalement incapable, car l'Égypte importe presque tout. Une situation inconfortable pour ne pas dire particulièrement risquée, partagée par une large majorité de pays dans le monde...

DE L'IMPORTANCE DE LA DÉMOGRAPHIE

Notre Terre porte et nourrit actuellement environ 7,8 milliards de personnes. Un quart, soit deux milliards, ont moins de 15 ans. Deux tiers (5,1 milliards) ont entre 15 et 64 ans. Un petit dixième (environ 9 %) atteignent ou dépassent 65 ans.

Cette dernière catégorie, celle des personnes âgées qui dans un nombre limité de pays est plus ou moins bien prise en charge par les systèmes de retraite, a quasiment doublé en un demi-siècle : le vieillissement, s'il n'est pas encore inquiétant au niveau mondial comme il l'est actuellement au sein des pays dit « riches » (mais surendettés), posera fatalement un très grave problème à l'humanité durant la seconde moitié de ce XXIe siècle. À ce moment-là, les êtres humains âgés de 65 ans ou plus représenteront un habitant de la planète sur six, puis, à la fin du siècle, au moins un sur cinq.

Où habiteront-ils ? Comment se nourriront-ils ? De quoi vivront-ils ? Qui les soignera ? Autant de réponses auxquelles l'ensemble des systèmes d'organisation sociale existants sur la planète, du petit village au fin fond de la brousse africaine, aux inéluctables futurs ministères des personnes âgées, devront demain apporter des réponses.

En se généralisant, la baisse de la natalité va engendrer dans le monde entier des difficultés analogues à celles que connaissent actuellement les pays dit développés, où le rapport entre le nombre des retraités et celui des actifs rend déjà l'équilibre financier des systèmes de Sécurité Sociale et de retraite de plus en plus difficile à trouver – pour ne pas dire impossible. Or ces systèmes, actuellement embryonnaires dans les pays pauvres, se développeront fortement au fur et à mesure du recul de la pauvreté au niveau mondial. Dans quelques décennies, ils se heurteront comme les nôtres aujourd'hui, à un mur démographique.

Certes, il ne faut pas raisonner comme si fatalement, les pays actuellement sous-développés allaient suivre le même chemin que celui emprunté par les occidentaux depuis la fin de la guerre, mais il ne serait pas raisonnable d'écarter péremptoirement cette hypothèse. La démographie est en train de causer des difficultés aux pays riches ; elle pourrait bien, par la suite, en causer aussi aux pays actuellement en « développement », même s'ils deviennent riches à leur tour. Quand une faible natalité (par exemple 1,5 enfant par femme) succède à une très forte fécondité (par exemple quatre enfants par femme), quelques décennies plus tard, les actifs doivent se saigner aux quatre veines pour garantir à leurs « anciens » un revenu de substitution auquel ils sont persuadés d'avoir droit, puisqu'ils pensent avoir cotisé toute leur vie pour cela.

LA LOURDE RESPONSABILITÉ DES LÉGISLATEURS

Nous touchons ici un grave problème : celui de l'amateurisme des législateurs, qui s'imaginent raisonnable d'attribuer aux actifs, des droits à pension calculés au prorata de ce qu'ils ont versé pour leurs anciens, comme si ceux-ci allaient sortir de leur tombe et se remettre à travailler pour leur verser des pensions. Alfred Sauvy, le créateur de l'INED (Institut national d'études démographiques) a pourtant bien expliqué qu'en réalité, les futures pensions ne se préparent pas en versant des cotisations destinées aux retraités, mais en mettant au monde un nombre suffisant de futurs cotisants et en les élevant correctement. Mais les législateurs, sourds et aveugles, ont persisté à faire de ces cotisations destinées aux retraités actuels, la base juridique des futures pensions, croyant sans le moindre bon sens que les retraites par répartition peuvent fonctionner selon les règles qui ont été mises en place à juste titre pour la capitalisation !

De plus, les données utilisées pour calculer le montant des cotisations ne tiennent compte ni de l'exceptionnel allongement de l'espérance de vie, en moins de trois générations, ni de l'effondrement de la natalité, les deux paramètres démographiques majeurs qui déterminent le fonctionnement des retraites dites par « répartition ». Quand il aurait fallu tout remettre à plat lors du passage de la capitalisation à la répartition, personne n'en a eu ni la prescience, ni le courage.

Tout en gardant à l'esprit le bouleversement inédit dans l'histoire de l'humanité que constitue le quasi doublement de l'espérance de vie – en 1900, elle était en France de 48 ans ; elle dépasse 83 ans aujourd'hui –, il faut également regarder ce que le monde du travail vit actuellement comme révolution. L'utopie d'une terre peuplée d'Éloïs oisifs et de Morlocks laborieux, comme dans *La Machine à explorer le temps* d'Herbert George Wells (1895), ne doit plus être regardée comme de la pure science-fiction. Wells était sans nul doute un visionnaire.

LE MYTHE DU PLEIN EMPLOI A VÉCU

La définition du travail n'incorpore malheureusement pas l'activité oh combien importante qu'est la formation initiale. C'est-à-dire ce que font les enfants, les adolescents et une partie des jeunes adultes, parfois en traînant les pieds, parfois avec plaisir, pour acquérir connaissances et savoir-faire. Connaissances, savoirs et compétences qui sont censés leur procurer plus tard, une place sur le marché du travail.

Sur environ 4,5 milliards de personnes âgées de 20 à 64 ans, on peut estimer à légèrement plus de deux milliards le nombre de celles qui sont intégrées à l'économie de marché, majoritairement en tant que travailleurs salariés. Les autres, un peu plus nombreux, relèvent toujours de l'économie informelle ou des franges de l'économie de marché. En fait, ils reproduisent peu ou prou le schéma du monde d'avant la révolution industrielle. Une grande partie d'entre eux vit encore principalement de l'agriculture, qui subvient à leurs besoins essentiels et à ceux de leur famille. Comme depuis toujours, ils restent soumis pour leur subsistance aux aléas climatiques, politiques ou guerriers. Il faudrait diffuser *Les Sept Mercenaires* (ou la version originale en noir et blanc de Kurosawa, *Les Sept Samouraïs*) dans tous les collèges, pour expliquer à nos jeunes de quoi dépendent encore aujourd'hui des milliards d'habitants sur notre planète : de la terre, tout simplement. Quand on leur prend tout, ils n'ont plus rien.

L'IMPORTANCE DU TRAVAIL DOMESTIQUE EST SOUVENT SOUS-ESTIMÉE

Les tâches domestiques ne sont généralement pas incorporées dans la définition du travail, parce qu'elles ne font pas l'objet d'une rémunération en argent. L'importance du travail domestique est pourtant considérable même dans un pays comme la France, comme le montre l'enquête menée sur ce sujet tous les dix ans par l'INSEE : en comparaison du travail professionnel, davantage d'heures lui sont consacrées, qu'il s'agisse du ménage, des soins prodigués aux enfants, ou du jardinage et du bricolage.

Cette importance du travail domestique est évidemment encore plus forte dans les pays moins développés, où pour beaucoup de personnes l'activité dite « informelle » n'est pas un complément de l'activité professionnelle, mais la principale ou la seule forme d'activité productive. Quand le paysan des Andes construit de ses propres mains un abri pour sa famille, tout en cultivant sa terre pour la nourrir, il ne fait pas de distinction entre les deux activités, qui sont « sa » définition du travail.

Cependant, le nombre d'humains âgés de 20 à 64 ans qui travaillent et vivent de manière encore assez proche de celle de leurs parents, et des parents de leurs parents, est orienté à la baisse. De plus en plus nombreux sont ceux qui s'intègrent à l'économie moderne ou subsistent, hélas bien chichement, grâce aux « petits boulots » que leur concède l'économie modernisée. L'exode des paysans chinois vers les mégapoles, dans lesquelles ils assemblent presque sept jours sur sept et douze heures par jour, des ordinateurs ou des téléphones pour des clients occidentaux situés à 10 000 kilomètres de là, est évidemment un drame.

On peut estimer entre un demi et un milliard le nombre des personnes qui ont, si l'on peut dire, un pied dans l'économie marchande, mais pas les deux, selon que les critères utilisés pour les classer sont plus ou moins exigeants. Cette catégorie est probablement celle qui s'accroît le plus rapidement. Et qui préoccupe le plus les autorités chinoises.

Mais soyons clairs : le problème est identique en Europe, et en particulier en France, ou le taux d'emploi des actifs est un des plus faibles au monde. Des millions de nos compatriotes sont sortis des circuits « standards » et cumulent aides sociales, petits boulots, et autosuffisance.

LA CROISSANCE ÉCONOMIQUE VA-T-ELLE DURABLEMENT RALENTIR ?

Après quelques décennies de croissance de la production et d'augmentation rapide du niveau de vie moyen pour une forte proportion de la population mondiale, la croissance économique marque le pas. Et ce n'est pas la crise du Covid-19 qui en est la cause ; elle en a plutôt été le révélateur. Parfois, elle a donné un coup d'arrêt.

S'agit-il d'un accès de fatigue passager, du point bas d'un cycle, comme l'humanité en a connu d'autres avant ? Ou bien est-ce plus grave ? Une faiblesse mortifère de notre modèle basé depuis des siècles sur la croissance se profilerait-elle à l'horizon ?

Posons-nous une question cruciale : si nos succès dans l'exploration et la conquête de notre planète, aujourd'hui en grande partie achevée, et les balbutiements de notre conquête de l'espace – seulement 500 hommes environ ont à ce jour été envoyés en orbite depuis Gagarine – allaient de pair avec une remise en cause complète de notre modèle économique et social ? Ou plus simplement, du modèle de développement humain ?

Si nos économies, vulnérables aux « grains de sable » – comme un virus ou un cargo échoué –, entraient justement dans une sorte de tempête de sable, où la multitude de paramètres en mouvement – mouvements à très grande vitesse, puisque l'on parle en années et non plus en décennies ou en siècles – rendait le paquebot *Monde* totalement ingouvernable ?

NOUS SAVONS MAL GÉRER LES CRISES

La gestion assez calamiteuse de la crise sanitaire dans bien des pays, dont la France, semble signifier que les héros de la croissance sont en bout de course.

Les dispositions prises par le personnel politique (en France, mais pas seulement !) relèvent souvent d'un amateurisme déconcertant, souvent lié à l'esprit bureaucratique, cela au moment même où la complexité du monde requiert de sa part beaucoup de connaissances, de logique et de bon sens.

En soi, l'amateurisme des pouvoirs publics n'a rien de bien nouveau. Les Louvois – que grâce soit rendue à ce « grand commis de l'État » qui fit de la première moitié du règne de Louis XIV une période d'efficacité et de forte croissance ! – ne courent pas les rues et ce sont rarement eux qui accèdent aux portefeuilles ministériels. Ce qui a changé, c'est le besoin de compétences – y compris le bon sens : ce besoin a augmenté de façon considérable.

Certes, à l'époque médiévale l'économie d'un pays pâtissait s'il était mal gouverné ; sa force, sa richesse, la taille et le bien-être de sa population, diminuaient ; il pouvait perdre de l'influence, des citoyens et des territoires, mais les dégâts restaient plus limités qu'ils ne le sont aujourd'hui lorsque se produit une défaillance équivalente des pouvoirs publics. Pourquoi ?

Tout simplement parce que le rôle des dits pouvoirs publics était moins névralgique. Mieux valait pour le peuple un suzerain qui soit compétent, travailleur et bien entouré, mais moins de choses dépendaient du trône, si bien que – hormis le choix entre guerre et paix – la qualité de ses occupants avait peut-être moins de conséquences que celle des pouvoirs publics de nos jours.

Le poids des États s'est beaucoup accru, comme le révèle un simple coup d'œil à l'évolution du rapport entre leurs budgets et les PIB : pour la France, le poids de l'État dans l'économie est passé de 24 % en 1950 à 54 % en 2019 – dernière année non impactée par le Covid-19. En 2020, du fait des mesures d'aides financées par la dette, la dépense de l'État au sens large, y compris collectivités locales, Sécurité Sociale et autres organismes redistributeurs, était directement ou indirectement peu inférieure à 66 % des revenus du pays ! De ce fait, il est devenu de plus en plus important d'avoir de bons dirigeants, puisqu'ils sont à la tête d'une giga entreprise qui « produit », directement ou indirectement, près de la moitié de la richesse du pays. Comme la qualité de nos dirigeants ne semble pas s'être tellement améliorée, nous voilà plantés.

Bref, l'écart s'est creusé au niveau des pouvoirs publics, entre le besoin de compétences et l'offre de compétences. Le monde aurait besoin de chefs d'État ayant beaucoup de connaissances, notamment en économie, et surtout un remarquable talent pour choisir des collaborateurs efficaces et entreprenants. Des hommes capables aussi de se faire obéir, de gouverner l'État profond, composé de strates de fonctionnaires nationaux, mais aussi territoriaux, qui est à lui seul *un* problème si ce n'est *le* problème. Or, il n'existe pas pléthore de personnes ayant ce profil et peu d'entre elles ont envie de participer à l'épuisante course au pouvoir qu'il faut mener pour y accéder. Sans compter que le dévouement à la chose publique, le service des autres, sont des valeurs qui ne sont plus transmises que par un tout petit nombre de parents. L'individualisme et l'égoïsme règnent au contraire plus que jamais en maîtres absolus.

Ceux qui pourraient, qui sauraient faire, mesurent parfaitement l'ampleur démesurée du chantier et préfèrent s'occuper de leur propre destin et de celui de leurs proches, plutôt que de celui de dizaines ou de centaines de millions de personnes, dont la reconnaissance est souvent, pour ne pas dire toujours modeste, pour ne pas dire inexistante.

Le décor est donc planté pour que se déroule un nouvel épisode de la crise qui pourrait bien, cette fois, déboucher sur des conséquences de plus en plus graves, si nous ne faisons rien pour changer le cours de l'Histoire.

Cette crise est-elle la dernière ou l'avant-dernière avant l'Apocalypse, qui sera d'abord économique ? Le pire n'est jamais certain, mais ne pas voir que nous sommes sur une pente très glissante, pente que nous savonnons allégrement nous-mêmes, et ne pas prendre des mesures très sérieuses, et parfois difficiles à accepter, afin d'éviter notre déclassement, mais aussi un possible chaos, serait faire preuve d'inconscience. Pour ne pas être happés par l'apocalypse économique que ce livre va tenter de vous faire entrevoir lucidement, rigoureusement et froidement, faisons travailler nos « petites cellules grises », celles qui permettent dans la vraie vie, comme dans les romans d'Agatha Christie, de découvrir la réalité cachée sous les apparences.

Et pour commencer à dessiner ce tableau, regardons ce qui ne va pas du côté du nerf de la guerre, à savoir l'argent, autrement appelé monnaie.

1

POUR QUELQUES TRILLIONS DE PLUS

UNE RAPIDE PETITE HISTOIRE DE LA MONNAIE

La création monétaire exagérée que nous pratiquons depuis quelques années est, certes, anormale aux yeux d'une personne raisonnable, mais si l'on jette un coup d'œil sur l'Histoire, on s'aperçoit qu'elle n'a rien de très nouveau. On aurait dû tirer les leçons de la fabrication massive des assignats lors de la Révolution française qui précipita le pays dans une crise profonde, appelée la Terreur : cette inflation de papier-monnaie a ruiné des millions de Français et affamé ceux qui n'avaient rien d'autre. Et quand en Allemagne, sous la République de Weimar, après la Première Guerre mondiale, il a fallu à l'homme de la rue des centaines de milliards de marks pour acheter un morceau de pain, cette folie a fait le lit du nazisme. Pourtant, comme si de rien n'était, l'histoire se répète encore et encore : des pays comme l'Argentine ou le Venezuela coulent littéralement, depuis des années, à cause d'une inflation à deux, trois, voire quatre chiffres.

Mais reprenons depuis le début.

C'est aux Romains que l'on doit d'avoir fait de la monnaie plus qu'un outil d'échanges et de comptes : un outil de pouvoir. Elle existait bien évidemment avant Rome, dans la Grèce antique et chez les Assyriens, mais l'Empire romain a fait de la monnaie le socle de son pouvoir politique, économique et militaire dans toute l'Europe conquise et autour du bassin méditerranéen. Partout où Rome s'installait, ses monnaies l'accompagnaient et supplantaient les monnaies locales préexistantes. Rome a en réalité inventé la monnaie unique et quasi mondiale, en tout cas, la monnaie de référence. Et cela a duré pendant des siècles.

Tour à tour, le système monétaire romain sera fondé sur le bronze, puis sur l'argent et le bronze, et même pendant un temps, sur l'or, l'argent et le bronze, ce qui contribuera d'ailleurs à déstabiliser l'économie.

Ce système était à la fois métallique et scriptural. Dès le IVe siècle avant notre ère, il existe des banquiers (*argentarii*) dont les dettes qui correspondent aux « dépôts » de leurs clients, ont comme principale contrepartie non pas des monnaies d'or et d'argent, mais des créances. En 45 avant J-C, lorsque Cicéron envoya son fils Marcus étudier à Athènes, il estima que ce jeune patricien aurait besoin de 80 000 sesterces par an – une somme confortable. N'allons pas imaginer que Marcus emporta avec lui des coffres remplis de pièces d'argent ! Un homme d'affaires athénien, nommé Xénon, pas tout à fait un banquier au sens actuel du terme, mais capable de rendre des services que l'on demanderait aujourd'hui à une banque, fut chargé de lui verser cette somme par fractions. Un quatrième personnage, Atticus, remboursait Xénon ou lui faisait des versements à l'avance, grâce aux revenus de ses propriétés en Grèce. Et Cicéron effectuait à Rome les versements appropriés en faveur d'Atticus.

Certains de ces paiements étaient effectués en espèces, mais majoritairement il s'agissait de compensations entre des dettes et des créances[1].

Cet exemple n'a rien d'exceptionnel : dès la fin du Vᵉ siècle avant J.C., les trapézites (banquiers) grecs adressaient des ordres écrits de payer à des tiers, ordres qui étaient souvent exécutés par l'émission d'autres ordres, sans recours aux pièces de monnaie. Et il arriva, des siècles plus tard, en 217 de notre ère, qu'un banquier romain, désigné comme trapézite dans la correspondance grecque qui a été retrouvée, un certain Calliste, devint Pape. Il y a belle lurette que les créations et extinctions de créances et de dettes – les écritures – jouent un rôle monétaire important, d'abord en complément de richesses matérielles comme les métaux précieux, puis de manière de plus en plus autonome comme application de l'arithmétique. N'en déplaise aux personnes qui veulent appliquer l'expression « monnaie numérique » aux seules cryptomonnaies, tout ce qui est monétaire est numérique.

Mais revenons à l'Histoire. L'Empire romain connaît l'inflation au IIIᵉ siècle après J-C, une inflation qui va durer des décennies, jusqu'à ce que l'empereur Constantin Iᵉʳ impose un nouveau système monétaire basé sur le *solidus* d'or. Ce système fut facteur de stabilité dans tout l'empire d'Orient jusqu'au IXᵉ siècle, pendant que l'Occident voyait émerger quasiment autant de monnaies qu'il existait de fiefs ou de royaumes. L'or est la référence, jusqu'à ce que l'afflux massif d'argent en provenance du Nouveau Monde à partir du XVIᵉ siècle, vienne changer la donne.

Du temps du bimétallisme, quand la monnaie était d'or ou d'argent, le souverain, détenteur du pouvoir

1. Source : mensuel *L'Histoire*, décembre 1979.

régalien de battre monnaie, devait trouver les métaux précieux nécessaires à la frappe de nouvelles pièces.

Ceux qui avaient la chance d'avoir des mines sur leur territoire étaient vernis. Comme l'or était par nature rare et que le pouvoir d'achat d'une seule pièce d'or dépassait les besoins du quotidien (une pièce d'or valait au minimum l'équivalent de dix pièces d'argent du même poids), l'argent devint le socle des échanges ordinaires en Europe. On doit l'invention du Thaler, monnaie d'argent la plus répandue, à la ville de Sankt Joachimsthal, aphérèse de Joachimsthaler de la vallée de Joachim en Bohème-Moravie (Saint-Empire romain germanique). Cette ville reposait littéralement sur un filon d'argent qui fut exploité sans discontinuité pendant des centaines d'années. Le Thaler, après s'être répandu dans toute l'Europe, traversa l'Atlantique pour devenir le... dollar.

À défaut de mine sur son territoire, un État se procurait or et argent en pillant ses voisins, y compris quand ils n'étaient pas vraiment des ennemis, mais avaient le défaut, l'outrecuidance même, d'être un peu trop riches aux yeux de leurs alliés moins fortunés. La conquête des Amériques permit à l'Espagne, au Portugal, mais aussi à la France et au Royaume-Uni, de se procurer des quantités astronomiques (pour l'époque) d'or et d'argent nouveau. On parle ici de milliers de tonnes. À titre d'exemple, en un siècle, entre 1550 et 1660, 18 000 tonnes d'argent affluèrent d'Amérique du Sud ! Cela permit une création monétaire inégalée, au profit principalement de l'Espagne et du Portugal, ce qui facilita l'élévation de ces deux nations au rang des grandes puissances, capables de conquérir et contrôler des territoires immenses, en Europe et loin de leurs bases.

Pour être complet, quand tous les moyens de se procurer de l'or ou de l'argent nouveau étaient épuisés, le souverain n'avait d'autre choix que de tricher, en frappant des monnaies contenant moins d'or ou d'argent, tout en devant être acceptées pour la même somme en livres et deniers ou plus généralement en unités monétaires. C'est une des formes de ce que l'on appelle l'érosion monétaire.

Mais tout cela, c'était avant la monnaie papier ou fiduciaire, dont la naissance n'a pas été des plus calmes. Les petits Français sont censés apprendre en classe les déboires du système de Law, qui ruina des dizaines de milliers d'épargnants au XVIIIe siècle. Plus tard, sous la Révolution, ce sont les assignats qui vont contribuer à provoquer le désordre monétaire – et par contrecoup ou concomitamment, politique – et la ruine des épargnants.

Les deux reproductions ci-contre montrent ce qui s'est passé. Au début, un assignat de quinze sols avait un pouvoir d'achat non négligeable. Par exemple, en 1791, une journée de travail d'un journalier est payée 24 sols. Dix ans plus tard, les assignats ne valent plus rien. Un assignat de dix mille francs ne vaut même pas son ancêtre de quinze sols, sachant qu'il en faut vingt pour faire un franc. En quelques années, ce qui valait un en pouvoir d'achat ne vaut même plus un dix-millième.

Et pourtant, à chaque émission nouvelle d'assignats, l'économie française, durement affaiblie par la Révolution, connaissait une embellie significative. Mais au bout de quelques mois, l'embellie cédait la place à une nouvelle crise, à laquelle les gouvernements révolutionnaires successifs ne savaient répondre que par... une nouvelle émission d'assignats. Entretenant la spirale mortifère... Toute ressemblance avec des événements récents est totalement fortuite, bien évidemment.

Entre 1791 et 1796, plus de 40 milliards de francs ont été émis par les différents gouvernements révolutionnaires, chacun jurant à chaque nouvelle émission monétaire que ce serait la dernière ! Cette création monétaire sans rapport avec le développement de la production – celle-ci a même reculé du fait des troubles, des guerres et des réquisitions – provoquait et entretenait une inflation dramatique. Les assignats, remplacés courant 1796 par des « promesses de mandats territoriaux » qui périclitèrent aussi vite, ont plongé dans une pauvreté extrême des millions de Français modestes, tandis que quelques dizaines de milliers de nouveaux bourgeois, habiles à comprendre les conséquences d'une création monétaire incontrôlée, parvinrent à amasser des fortunes en utilisant le plus vite possible les assignats qui passaient par leurs mains pour acheter des « biens nationaux » (domaines agricoles, maisons et châteaux) confisqués à leurs propriétaires « politiquement incorrects », principalement des nobles et des paroisses. Néfastes pour la plupart des Français, assignats et mandats territoriaux ont fourni aux « malins » de belles occasions d'enrichissement : il suffisait d'acheter à vil prix des actifs intangibles dont les propriétaires, ayant cruellement besoin de liquidités pour vivre ou survivre, étaient obligés de se défaire.

L'Occident connut d'autres périodes de création monétaire incontrôlées dont les conséquences furent identiques à celles du système de Law et des assignats révolutionnaires. Pourtant, malgré ces nombreux échecs, la monnaie fiduciaire parvint à s'imposer et même à régner en maître absolu, une fois abandonnée sa convertibilité en or.

Changeons d'époque.

C'est Richard Nixon qui décida, en plein cœur de l'été 1971[1], de suspendre la convertibilité du dollar en or. Il faut dire que, depuis déjà des années, le système reposait sur un mensonge : la Fed, banque fédérale américaine, émettait bien plus de dollars que ses réserves – en devises et surtout en or, stocké au fameux Fort Knox – ne le permettaient théoriquement ! Si tous les dollars du monde avaient été présentés au même moment aux guichets des grandes banques américaines, c'eût été la banqueroute ! Ce qui aurait fait désordre en pleine guerre froide.

L'abandon de l'étalon-or et le passage – non sans heurts – à un système international de changes flottants, ont ouvert la porte à une création monétaire démesurée, inconsidérée, et… dommageable pour beaucoup, mais pas pour tous.

LA MONNAIE À L'HEURE DE LA MONDIALISATION

À l'époque des monnaies d'or et d'argent, il n'était pas vraiment nécessaire qu'une autorité monétaire (une « banque centrale ») réglemente et surveille les opérations monétaires : si un détenteur de créances immédiatement exigibles estimait sa position trop risquée, il faisait valoir

1. De nombreux articles de presse ont commémoré cet évènement (inéluctable) au cœur du mois d'août 2021, et détaillé par le menu ses conséquences.

son droit d'être remboursé en espèces sonnantes et trébuchantes. Cela pouvait poser des difficultés aux débiteurs, mais c'était à eux de trouver une solution, le plus souvent en empruntant à une autre personne ou institution.

Lorsque le stock de créances à vue ou à très court terme devint un multiple de plus en plus élevé de l'ensemble des métaux précieux, le passage des écritures (les créances) à l'or et/ou à l'argent ne pût plus rester un droit absolu. Tant que les conversions de créances en pièces d'or et d'argent (bimétallisme) ou de l'un d'eux seulement (monométallisme) étaient équilibrées par des conversions de sens inverse (dépôts de pièces dans les banques en échange de billets ou d'avoirs en compte), tout allait bien. Mais si pour une raison ou une autre la demande de pièces en remplacement des créances devenait trop fort... Aïe ! Aïe ! Aïe ! En fait, la promesse de remboursement ne pouvait être tenue que dans la mesure où il n'y était fait que très modérément appel. En cas de *bank-run*, comme disent les anglo-saxons, les banquiers devaient promettre des intérêts élevés pour convaincre leurs clients créanciers de renoncer à se faire rembourser. Et si cela ne suffisait pas ? Là encore, c'était la banqueroute.

Le problème a fini par être résolu en rompant le lien entre métaux précieux et monnaie de crédit. La création de banques centrales, dotées de pouvoirs monétaires analogues aux pouvoirs politiques des parlements et des gouvernements, dota chaque pays d'un intermédiaire entre les banques ordinaires, dites de « dépôt », et le métal précieux. La personne, physique ou morale, ayant des doutes sur la bonne santé de sa banque, ne pouvait plus lui demander du métal, mais seulement de la « *monnaie banque centrale* », billets ou avoirs en compte. La Banque centrale était faite pour approvisionner en billets les banques « de second rang » qu'elle jugeait sérieuses ; en contrepartie elle fut dotée de pouvoirs d'inspection, de façon à pouvoir jouer un double rôle : « prêteur en dernier ressort », selon l'expression consacrée, et « surveillant général » – expression rarement employée, mais qui nous paraît bien exprimer la réalité. Gouverner, n'est-ce pas tantôt soutenir, tantôt punir ou menacer de le faire ?

La construction européenne ayant débouché sur une « union » comportant un parlement et diverses autres institutions régaliennes, le domaine monétaire fut doté d'une Banque centrale européenne, la BCE, qui coiffe les banques centrales des États membres ayant adopté l'euro comme unité monétaire. Actuellement, 19 des 27 États membres de l'Union sont dans ce cas. Le Royaume-Uni, qui est maintenant totalement sorti de l'Union européenne, la Suède, le Danemark, la République Tchèque et cinq États moins développés économiquement ne l'ont pas fait. La politique monétaire est concoctée à la BCE et mise en application dans chaque pays membre de la zone euro par la Banque centrale de ce pays. La Banque de France (BdF) et les autres banques centrales nationales disposent certes d'une marge de manœuvre, mais celle-ci est réduite : les consignes de la BCE s'imposent à elles.

Des emprunts obligataires colossaux ont été effectués par les États membres grâce à ces banques centrales. La pandémie due à un coronavirus ayant très fortement perturbé l'activité économique, les États ont dû prêter ou donner des sommes énormes aux différents agents économiques dont la crise sanitaire faisait s'effondrer les recettes. Certes, les banques centrales n'ont pas le droit, statutairement, de souscrire aux émissions des emprunts d'État. Mais cette interdiction est facile à contourner : une fois l'émission effectuée, les banques commerciales et d'autres souscripteurs, notamment les compagnies d'assurance, revendent les obligations des États membres à leurs banques centrales respectives. Non sans prendre une petite com' au passage... Et cela se pratique à très grande échelle : banques commerciales, compagnies d'assurance et fonds de pension souscrivent massivement, puis revendent à leurs banques centrales nationales tout ou partie des titres d'emprunt achetés à l'émission. Ainsi, en apparence tout au moins, les règles sont respectées. En matière financière et monétaire, comme dans bien d'autres domaines, l'hypocrisie est le modeste hommage que le vice rend à la vertu.

Ce système suffit généralement pour éviter les faillites ridicules d'établissements sains, victimes de rumeurs ou de problèmes conjoncturels. Seuls des canards vraiment boiteux « passent à la casserole ». De plus, les clients créditeurs des banques de second rang sont généralement couverts par une garantie publique. Dans le cas français, le Fonds de Garantie des Dépôts couvre théoriquement les particuliers à hauteur de 100 000 euros chacun[1].

De telles garanties ne protègent pas contre l'érosion monétaire et cela est bien utile pour remédier à l'accumulation exagérée de créances : lorsque la richesse monétaire des ménages, des entreprises et autres agents excède la richesse réelle, il faut bien que la « fiction » (les créances) s'adapte à la réalité (le stock de biens de toute nature et le flux de production). Considérons les émissions obligataires fantastiques réalisées durant la pandémie du Covid-19 par les États de la zone euro pour remplacer des revenus qui n'ont pas pu être créés, à cause du bouclage de pans entiers de l'économie : ces créances pléthoriques émises en contradiction avec les

1. En réalité, si ne serait-ce qu'un seul établissement bancaire de taille moyenne faisait faillite en France, le Fonds de Garantie des Dépôts ne suffirait évidemment pas. Il faudrait prendre des mesures exceptionnelles pour le renflouer. Au hasard, de la création monétaire !

règles prudentielles usuelles, sans création de richesse en contrepartie, ne vont évidemment pas être annulées comme certains le proposent.

En revanche, une hausse du niveau général des prix ramènerait au niveau de la réalité la richesse théorique gonflée par ces milliers de milliards d'euros qui ne correspondent à aucune richesse véritable ; ce serait la moins mauvaise solution. Mais dirigeants politiques et banquiers centraux sauront-ils provoquer une inflation raisonnable, susceptible d'être stoppée lorsque la « mauvaise graisse » financière aura fondu ? *That is the question* ! Nous voudrions répondre : « *Yes, we can* ! » Mais rien n'est sûr. Certains ont cru, il y a quelques décennies, au *fine tuning*, réglage fin de l'économie par les pouvoirs publics : il a fallu rapidement déchanter. L'apocalypse économique se profile-t-elle dans le lointain, sous forme d'une accumulation de créances irrécouvrables et d'une inflation galopante et incontrôlée, comme l'orage lorsque de sombres nuages s'amassent à l'horizon ? Le pire n'est pas plus certain que le meilleur, mais l'est-il moins ?

TROP DE MONNAIE TUE LA MONNAIE

Il existe actuellement trois signes de trop-plein monétaire : le nombre des unités monétaires en usage sur notre planète, la croissance excessive de la masse monétaire classique et l'adjonction à celle-ci d'une forme monétaire nouvelle, bien que marginale, les cryptomonnaies.

La monnaie classique se décline en de multiples variétés, chacune munie de sa dénomination, son « unité monétaire ». Un début d'énumération, fut-il très incomplet, suffit pour montrer la prolifération de ces unités, le plus souvent nationales, même celles dont l'usage est de fait international :

- Les dollars (des États-Unis, du Canada, de l'Australie, d'Hong-Kong, de Singapour, de Brunei, des îles Caïman, de la Jamaïque, du Liberia, etc.) ;
- L'euro, le yuan renminbi (Chine), le yen japonais ;
- Les couronnes (danoise, islandaise, norvégienne, suédoise, tchèque, etc.) ;
- Les livres (anglaise, égyptienne, libanaise, soudanaise, turque, etc.) ;
- Les francs (suisses, CFA, congolais, rwandais, de Djibouti, Pacifique, etc.) ;
- Les pesos (argentin, cubain, mexicain, philippin, etc.) ;
- Les roupies (indienne, pakistanaise, mauricienne, népalaise, etc.) :
- Les dinars (algérien, irakien, jordanien, koweïtien, libyen, etc.) ;
- Le rouble (russe), le rand (sud-africain), le réal (brésilien), le riyal (saoudien) ;
- Le shekel (Israélien), le won sud-coréen et son homonyme nord-coréen ;
- Le bath (Thaïlande), l'escudo (jadis monnaie du Portugal, qui se décline aujourd'hui en une version Angola et une version Mozambique), etc.

Le problème n'est pas tellement que quasiment chaque pays ou union de pays (comme la zone euro) ait sa propre monnaie, mais que la masse monétaire globale, hétérogène puisqu'elle rassemble des créances libellées en différentes unités monétaires, augmente de façon excessive. Par exemple pour la zone euro, ce que l'on appelle « la masse monétaire M1 », composée de la monnaie *stricto sensu* (pièces et billets, comptes à vue dans les banques), et la masse monétaire M2, comprenant en sus l'épargne liquide immédiatement disponible, ont en 20 ans, de fin 1997 à fin 2017, été multipliées respectivement par 5,3 (pour M1) et 3,2 (pour M2). Sur la même période, le PIB de la zone euro est passé de 6 457 à 11 913 milliards d'euros, soit une multiplication par 1,84.

Les créances monétaires et quasi monétaires (épargne liquide) ont donc augmenté de façon disproportionnée par rapport à l'économie réelle, la production de biens et de services. L'Europe ne doit pas être particulièrement critiquée, car un phénomène analogue s'est produit pour l'ensemble plus vaste que constitue l'OCDE. Et l'épidémie de Covid-19 qui a été traitée, si l'on peut dire, par de gigantesques créations de liquidités, accroît encore l'écart entre la réalité économique et la fiction monétaire. Nous vivons de plus en plus dans un monde onirique, où les rêves monétaires les plus échevelés sont mis en œuvre par les banquiers centraux. On dirait que ceux-ci ont jeté leurs principes aux orties, abandonné leur impératif de gouvernance prudente pour se rallier à la démagogie de chefs d'État dépassés par les évènements, prêts à faire tout et n'importe quoi, conformément à la formule d'Emmanuel Macron désormais aussi célèbre que « L'État, c'est moi » de Louis XIV. Le « quoi qu'il en coûte » restera dans l'Histoire.

Ce qui permet de faire « n'importe quoi », c'est la création monétaire, sorte de feu extrêmement utile lorsqu'il est dûment régulé, mais extrêmement dangereux quand on lui laisse le champ libre, comme c'est hélas actuellement le cas. Examinons donc ce Janus, dont nos gouvernants aimeraient tant oublier la face cachée, pourtant terrifiante.

COMMENT CRÉE-T-ON DE LA MONNAIE ?

Les monnaies « classiques » sont des monnaies de crédit, c'est-à-dire des créances à vue sur des banques, ayant pour principale contrepartie des dettes envers ces mêmes banques. C'est le cas des euros, pour prendre la monnaie européenne : créances à vue sur la BCE, prenant la forme de billets ; et dépôts à vue sur les livres des banques commerciales. Le principe en usage depuis des siècles est le suivant : une personne (physique ou morale), disons P, demande à une banque B de créditer son compte de dépôt (dit « à vue ») sur ses livres, par le débit de son compte d'emprunt. Il y aura par exemple 500 000 euros de plus au crédit du compte de dépôt et 500 000 euros de plus au débit du compte d'emprunt. C'est ce que l'on appelle la création monétaire : les deux opérations jumelles font apparaître (« ex nihilo », précise-t-on parfois pour bien indiquer qu'il ne s'agit pas d'un transfert d'un compte créditeur sur un autre) une créance de P sur la banque B, que P va pouvoir utiliser pour, par exemple, acheter des matières premières et des produits semi-finis en vue de les transformer en des objets commercialisables. La vente de cette production se traduira par un accroissement du solde créditeur sur le compte de dépôt de P, qui pourra le cas échéant être utilisé pour rembourser tout ou partie du solde débiteur de son compte d'emprunt.

Cette façon de procéder est souvent résumée par la formule « les prêts font des dépôts », qui peut être utilement complétée par celle-ci : « les remboursements de crédits défont les dépôts ». Les banques auraient pu choisir comme figure emblématique Pénélope, l'épouse d'Ulysse, qui défaisait la nuit ce qu'elle avait tissé durant la journée : en effet, leur métier consiste à créditer dans un premier temps un compte de dépôt par le débit d'un compte de prêt, puis dans un deuxième temps (remboursement) à créditer le compte de prêt par le débit du compte de dépôt. Simplement, le bénéfice est différent : Pénélope gagnait du temps (elle ne voulait pas se remarier, et pour cela elle avait demandé et obtenu que le prétendant attendit qu'elle ait fini son ouvrage), tandis que la banque gagne « de l'argent » en prélevant des intérêts sur le solde du compte de prêt à un taux plus élevé que celui auquel elle rémunère les comptes de dépôt. Reste que le dicton « faire et défaire, c'est toujours travailler » caractérise l'activité bancaire et que la ressemblance de cette activité de crédit avec le mythe homérique de Pénélope lui a, depuis des siècles, permis de contribuer très efficacement à un prodigieux développement de l'économie.

Hélas, tout le monde n'a pas lu Homère, ni entendu parler du mécontentement des hommes d'affaires de la Renaissance quand ils durent accepter en paiement l'or et l'argent que des galions amenaient du Nouveau Monde. Le statut légal de ces métaux et l'attachement immémorial que leur portent les êtres humains, à quelques exceptions près, les obligeaient à les accepter en paiement, mais ils auraient bien préféré, ce qui peut paraître paradoxal, des écritures ! La monnaie est fondamentalement numérique ; le recours aux métaux précieux n'a jamais été qu'un substitut ou un auxiliaire de la numération lorsqu'il est difficile de faire confiance à ce qui est dit ou écrit. Et le principal inconvénient de la monnaie d'or ou d'argent, en période trouble, c'est qu'elle se dérobe un peu trop facilement, quand les écritures n'intéressent que ceux qui y figurent.

Le succès des bitcoins et autres crypto-monnaies est en réalité une sorte de retour en arrière, à l'époque où l'on gaspillait beaucoup d'énergie (initialement musculaire) à extraire des métaux précieux pour en faire des moyens de paiement. Le système crypto-monétaire est très gourmand en électricité, du fait qu'il met en œuvre des processus informatiques (dont la célèbre *blockchain*) d'une grande complication. Le *mining* qui permet d'émettre des *Bitcoins* ou autres *One Coins* (crypto-monnaie qui a servi en 2019 à une arnaque se montant à environ trois milliards d'euros) dépense bêtement des ressources rares, comme le faisait jadis l'extraction de tonnes d'or destinées à dormir dans des bunkers tels que Fort Knox. L'engouement pour ces monnaies dites « numériques » (comme si le dollar, l'euro, le yen et tous leurs homologues n'étaient pas numériques !) ne s'explique que par le climat de superstition qui règne encore dans ce domaine grâce au recours à des technologies informatiques sophistiquées qui donnent un look moderne à des pratiques comparables à celles des casinos.

À QUOI SERVENT LES BANQUES CENTRALES ?

En avril 2020, Christine Lagarde, présidente de la BCE (Banque centrale européenne, qui fédère les banques centrales des pays de la zone euro, dont bien sûr la Banque de France) a déclaré que ce réseau de banques centrales pourrait désormais « acheter des actifs autant que nécessaire et aussi longtemps que nécessaire ». Cette promesse a été renouvelée maintes fois depuis. Concrètement, cela signifie que les gouvernements des pays concernés, dont la France, peuvent émettre des obligations en quantité industrielle : ils sont sûrs et certains qu'elles seront souscrites sans problème par des banques, caisses de retraite, compagnies d'assurance et autres institutions financières, ces organismes étant eux-mêmes certains de pouvoir, en cas de besoin, les revendre à la BCE, via la banque centrale de leur pays.

Christine Lagarde est très compétente. Et elle n'hésite pas à clouer le bec aux économistes qui racontent des bêtises : ainsi a-t-elle, début février 2021, dégonflé la baudruche de l'annulation de tout ou partie de la dette publique émise à cause de la pandémie, remède miracle préconisé par quelques économistes mondains et quelques politiciens désireux de se faire mousser. Peu après, elle a eu le bon sens (et le courage) d'expliquer sur une chaîne de télévision que « le bitcoin, ce n'est pas une monnaie », contredisant ainsi bon nombre d'ignares pour qui tout ce qui brille est de l'or. Nous pouvons donc prendre au sérieux sa déclaration relative aux opérations d'achats d'obligations « Covid » par la BCE et ses petites sœurs, dont la BdF.

Les banques centrales créent de la monnaie pour financer les dispositions d'urgence que prennent des pouvoirs publics dont les ressources se tarissent par suite de mesures sanitaires telles que le confinement, très nocif pour l'activité économique. Elles ont ainsi mis en circulation des milliers de milliards de dollars, d'euros, de livres, de yens, que l'on pourrait, si l'on était méchant, qualifier de « fausse monnaie », puisque cette soi-disant richesse ne correspond à aucun accroissement de la production et des échanges. Mais ne soyons pas trop sévères : à défaut d'accompagner une augmentation de la production de biens et de services, cette incroyable création monétaire a contribué à limiter les dégâts. Grâce à elle, il y a moins de chômeurs et la récession économique est moindre que ce qu'elle aurait pu être. Jusqu'à quand ? C'est là tout le problème. Il faudrait que l'économie redémarre, et même redémarre plus fort qu'avant, pour revenir au monde d'avant.

BANQUES CENTRALES : POMPIERS OU PYROMANES ?

Pour prendre une comparaison, la BCE, le *Federal Reserve System*, la Banque centrale japonaise, la *Bank of England*, et la plupart des autres banques centrales, ont agi comme des pompiers en présence d'un incendie : arroser à tout va, même si l'eau provoque des dégâts, parce que ceux-ci resteront en deçà de ceux qui surviendraient en l'absence d'intervention. Mais, après avoir éteint l'incendie, il faut se préoccuper de sécher, de réparer, de reconstruire. Nous en sommes à cette étape, sans pour autant en avoir fini avec l'incendie, puisque de nouvelles variétés de Covid font sans cesse leur apparition, si bien que l'épidémie risque de durer malgré la campagne de vaccination, cantonnée principalement (et durablement ?) aux seuls pays riches...

Si l'importance de la pandémie sur la création de monnaie dans la zone euro est importante, il ne faut cependant pas l'exagérer. En fait, les achats de dettes publiques par la BCE ont commencé en janvier 2015, et leur rythme a tout de suite été époustouflant : trois ans plus tard, on en était à 2 200 milliards d'euros ! Le rythme des trois premières années, donc avant la pandémie, n'est pas radicalement plus faible que le rythme actuel (de 2 500 milliards d'euros à 3 600 milliards d'euros entre juillet et décembre 2020). On peut même dire que, la situation des trois années 2015 à 2017 n'ayant pas été d'une gravité comparable à celle qu'a créé l'épidémie, la hardiesse de la BCE était déjà fort grande à cette époque. En 2018, la BCE a allégé sa position en dette d'États européens, indiquant ainsi qu'elle apporte une aide dans des circonstances difficiles, mais qu'elle ne veut pas que cette aide temporaire se transforme en appui permanent.

Cela ne veut pas dire que la BCE se soit définitivement arrêtée de prêter aux États de la zone euro ! L'évolution de son bilan en 2019 indique tout au long de l'année celle de ses placements en obligations des États membres ; cumulés sur l'année, ils avoisinent 450 milliards d'euros. Ce poste du bilan de la BCE peut se dégonfler rapidement, c'est arrivé en 2018, aussi bien que croître à très grande vitesse, comme au moment où nous écrivons ces lignes (février 2021). Certes, la multiplication par huit entre janvier 2019 et janvier 2021 est prodigieuse, mais la diminution de 2200 à 450 milliards d'euros entre janvier 2018 et janvier 2019 (division par presque 5) ne l'était guère moins.

La quantité de monnaie détenue par les ménages, les entreprises, et les autres agents économiques non bancaires, d'une part, et la quantité de « monnaie banque centrale », d'autre part, sont deux choses très différentes. Cela ne facilite pas la compréhension de la politique monétaire par les citoyens, fussent-ils économistes. Mais n'oublions pas la célèbre déclaration d'Alan Greenspan quand il était président de la Fed, à la fin d'une de ses allocutions : « si vous croyez m'avoir compris, c'est que je me suis mal exprimé ». Un trait d'humour en dit souvent plus qu'un long discours : Greenspan a voulu signifier que la politique monétaire est en quelque sorte le « secret des Dieux » ! Du moins dans un premier temps, lorsque les gouverneurs de banques centrales font des annonces difficiles à décrypter. Car ensuite, quand les statistiques sont publiées, ceux qui savent les lire comprennent ce qui s'est passé.

BAS DE LAINE ET MATELAS DE BILLETS PAS MORTS

Reste que l'augmentation de la quantité de monnaie détenue par les ménages, les entreprises, les associations et autres agents « non monétaires », est un indicateur encore plus intéressant que le montant des emprunts financés par les banques centrales pour dynamiser l'activité économique. Cet indicateur, ou plus exactement la batterie des indicateurs monétaires, nous révèle pour l'année 2020 une évolution étonnante.

La BdF, comme ses consœurs banques centrales, utilise trois agrégats monétaires :

- > M1, qui additionne le montant des dépôts sur les comptes à vue des agents non monétaires et les billets dits « en circulation », même s'ils sont thésaurisés.
- > M2, qui en sus des éléments de M1 comptabilise tous les avoirs sur livrets, ainsi que les dépôts à terme dont l'échéance ne dépasse pas deux ans.
- > M3, qui répertorie en sus les avoirs ayant la forme de parts ou actions de SICAV (Sociétés d'Investissement à Capital variable) et autres OPCVM (Organismes de placement collectif en valeurs monétaires).

En France, les avoirs de résidents contenus dans M3 totalisaient 2 656 milliards d'euros au 31 décembre 2020, en progression de presque 15 % sur l'année. Pour M1, c'est-à-dire la monnaie *stricto sensu*, on atteint 1 399 milliards d'euros, soit 22,4 % de plus en un an. Et pour M2-M1, *grosso modo* l'épargne liquide, on arrive à 895 milliards d'euros, en augmentation de 7,3 %.

La totalité de l'augmentation de M3 constitue la création monétaire.

Ces chiffres nous indiquent que s'est produite une forte création monétaire, dont le produit est resté majoritairement composé de billets et de dépôts à vue. Les Français ont beaucoup épargné, probablement parce que le confinement, au sens large du terme, ne facilite pas la dépense, et aussi par peur de manquer au cas où la situation continuerait à s'aggraver. Les États de l'Union européenne ont distribué beaucoup d'argent créé pour la circonstance, bien plus qu'ils n'ont prélevé par l'impôt. Pourquoi ? Dans le but de soutenir l'activité. Hélas, la dépense n'a pas progressé de la même manière, ce qui est à la fois une conséquence de l'inquiétude face à l'avenir (l'écureuil met des noisettes de côté pour l'hiver), et une cause de la diminution de la production. Cette réduction de la consommation et de la production s'est ajoutée au problème sanitaire pour faire baisser le « moral des troupes ».

LES BANQUES COMMERCIALES, FAUX-MONNAYEURS ?

Comment les banques peuvent-elles prêter des sommes d'argent absolument faramineuses, notamment au travers des crédits immobiliers, dont tous les indicateurs sont dans le vert malgré la crise ? Parce qu'elles ne prêtent pas de la monnaie préexistante, qu'elles auraient dû avoir en leur possession, mais de la monnaie qu'elles créent en prêtant. Il est impossible de comprendre quoi que ce soit à la finance et à l'activité bancaire si on s'imagine la monnaie comme une chose – une chose que la banque devrait posséder pour être à même de la prêter.

La monnaie est une relation chiffrée, une dette de la banque B envers l'entreprise E ou le ménage M, comme nous l'avons déjà expliqué plus haut.

Certes, la banque doit vérifier que les revenus de ses emprunteurs leur permettront de rembourser chaque mois le montant prévu, et de payer les intérêts (toujours aussi étonnamment modestes depuis des années, et encore en 2021), mais à part cela il est très simple pour une banque de créer de la monnaie : il suffit d'un contrat et de quelques écritures sur des comptes.

Il y a aussi une autre source de création monétaire, exploitée à fond la caisse depuis que le Covid est entré sur scène : créditer un compte de l'État, en échange d'une reconnaissance de dette qui l'engage à rembourser. Ces reconnaissances de dettes prennent le plus souvent la forme de titres au porteur, les « obligations ». Cette fois, la partie se joue dans la cour des grands : il ne s'agit plus de quelques milliers d'euros, mais de milliards. Plus exactement, de centaines de milliards, pour un pays comme la France ; et de billions (millions de millions, autrement dit milliers de milliards) pour l'Union européenne ou les États-Unis.

Le fait est que, lorsqu'il devient nécessaire de compter en billions (ce serait le cas si l'on avait continué à utiliser l'ancien franc), c'est souvent parce que l'unité monétaire a vu son pouvoir d'achat reculer fortement.

Les reconnaissances de dette émises par les États prennent généralement la forme d'obligations négociables, ce qui permet aux banques d'ajuster commodément leurs trésoreries si elles en ont besoin. En effet, le marché de ces obligations est bien organisé ; on y trouve quasiment toujours des clients disposés à en acheter : d'autres banques, des fonds de pension, des compagnies d'assurance, des organismes d'assurance-vie, des mutuelles, etc.

La création de monnaie à l'occasion des emprunts réalisés par des ménages et des entreprises présente certes des dangers : par exemple, des banques peuvent prêter trop largement, facilitant ainsi la création et les premiers pas d'entreprises qui ne disposent pas de fonds propres suffisants, ou dont les projets sont exagérément risqués, voire même « foireux ». Néanmoins, le risque est globalement moindre que lorsque les banques se mettent à prêter très généreusement aux États et à certaines collectivités territoriales, comme si ces organismes présentaient quasiment tous une excellente qualité de signature, comme on dit pour les emprunteurs réputés être parfaitement solvables. Cela, hélas, n'est pas toujours le cas. L'exemple des crédits accordés par Dexia, une banque franco-belge dédiée au financement des collectivités territoriales et locales, est symptomatique ; accordons-lui quelques lignes.

UN EXEMPLE CÉLÈBRE DE CRÉDITS MAL CONÇUS, QUI ONT PROVOQUÉ UNE CATASTROPHE

Banque occupant le premier rang mondial en matière de financement des communes, départements, régions et des structures créées par ces collectivités, Dexia a cru, au début des années 2000, trouver un moyen quasi magique pour répondre aux demandes de ces organismes : des emprunts dits « structurés ». Cet adjectif abscons signifie que Dexia prêtait à des taux inférieurs à ceux du marché, mais en insérant dans ses contrats de prêt des clauses compliquées, voire obscures, terriblement onéreuses pour les emprunteurs en cas de réalisation de certains évènements. Ces clauses étaient quasiment incompréhensibles par les élus et leurs collaborateurs, qui ont été très nombreux à croire les boniments qui leur étaient servis par les représentants de Dexia, du genre : « ces clauses ne se réaliseront jamais, elles sont juste là pour que nous puissions emprunter nous-mêmes à des taux très bas, et vous en faire profiter ».

Sans entrer dans les détails, d'une grande complexité, voici le principe mis en œuvre par ces emprunts qui ont ensuite été qualifiés « toxiques » : *si tel « produit dérivé » (option, swap, etc.) vient à dépasser telle valeur, alors le taux d'intérêt ne sera plus 2 %, mais 10 %.* Les commerciaux de Dexia en rapport avec les collectivités locales, dont beaucoup ne savaient probablement pas très bien ce qu'ils vendaient, expliquaient doctement que leur banque avait trouvé la pierre philosophale pour emprunter à des taux incroyablement bas, et qu'il fallait absolument profiter de cette occasion unique pour enfin réaliser telle rocade qui permettrait de diminuer fortement les embouteillages, ou construire une belle école primaire pour remplacer l'ancienne, devenue vétuste.

Les élus locaux, maires en tête, mordirent à l'hameçon : pour la plupart, ils ne comprenaient rien aux informations techniques qui leur étaient fournies, mais ils étaient hypnotisés par la possibilité de réaliser, grâce à des emprunts à taux miraculeusement bas, des travaux dont leurs concitoyens leur seraient gré lors des prochaines élections municipales, départementales ou régionales.

Le pari aurait pu être gagné, mais il fut perdu. Les marchés d'instruments dérivés, qui peuvent se mettre à bouillonner comme le lait sur le feu, entrèrent un jour en ébullition, ce qui déclencha une très forte hausse des taux d'intérêt pour les prêts en cours. Beaucoup de collectivités territoriales furent mises en difficulté, ainsi que Dexia, accusée en quelque sorte de tromperie sur la marchandise. Cette banque fut mise en liquidation, les dossiers furent repris par une autre, des arrangements furent trouvés, et aujourd'hui rares sont les Belges et les Français qui se souviennent de ce scandale. Cette mémoire courte est regrettable, car une telle mésaventure devrait servir de leçon lorsque fait son apparition une formule soi-disant miraculeuse qui facilite excessivement la création de monnaie.

Cette mésaventure n'a hélas pas servi à rendre les êtres humains plus méfiants vis-à-vis des inventions qui font appel à des dispositifs merveilleusement sophistiqués auxquels le commun des mortels ne comprend rien. L'une de ces inventions, qui a misé avec succès sur l'engouement pour la technologie informatique (dite « numérique », ça fait plus « in »), mérite qu'on lui accorde quelques instants d'attention : il s'agit de la cryptomonnaie.

CRYPTO-MONNAIES : UNE CRÉATION MONÉTAIRE ABRACADABRANTESQUE

Cette nouvelle merveille, le concept de cryptomonnaie, a fait son apparition il y a quelques années. Comme les emprunts structurés combinés par Dexia, cette invention met en œuvre une technologie sophistiquée. Pour Dexia, il s'agissait des « produits dérivés » et des « produits structurés », contrats combinant des swaps, des options, des intérêts, des évolutions d'indices : le *nec plus ultra* de la technologie financière. La seconde fois, pour les cryptomonnaies, l'atout fut informatique : le recours à la *blockchain*, dispositif « numérique » qui enregistre chronologiquement, et de façon indélébile, des blocs de données accessibles aux seules personnes (physiques ou morales) membres du réseau. L'inspiration est quasiment la même dans les deux cas : recourir à des formules auxquelles le commun des mortels ne comprend goutte, mais dont la modernité est portée aux nues. Et beaucoup de promesses autour. On appelle aussi cela « marketing ».

Utilisant du matériel et des logiciels perfectionnés, consommant énormément d'électricité, la *blockchain* est réputée fournir une haute sécurité. Elle bénéficie d'un grand engouement, c'est une technique à la mode, une star : cela est suffisant pour que certaines personnes se mettent à l'utiliser pour réaliser des paiements ou pour spéculer sur le cours très volatil des Bitcoins et autres Ripples ou Ethereums.

Le gaspillage d'énergie provoqué par les cryptomonnaies est à peine croyable : le « minage des bitcoins » représentait sur l'année 2020 une consommation annuelle d'électricité qui dépasse de 8 % celle des Pays-Bas et de plus du tiers celle de la Belgique[1]. Chaque bitcoin coûte 9 000 dollars en équipement et en énergie. C'est un bel exemple de ce que l'insuffisance de bon sens et de rationalité peuvent engendrer comme aberrations.

Il aurait probablement été possible d'utiliser la *blockchain* pour sécuriser certains paiements requérant une sécurité supérieure à celle que procurent les outils informatiques usuels. Mais *l'hubris* qui règne en maître sur de nombreux cerveaux a sauté sur l'occasion : pourquoi se contenter d'utiliser l'unité monétaire du *vulgum pecus*, le dollar ou l'euro ? Pourquoi ne pas créer une unité spécifique à chaque *blockchain* ou famille de *blockchains*, comme chaque État en a créé une ? Ainsi, après le Bitcoin, a-t-on vu apparaître l'Ethereum, le Cardano, le BitcoinCash, le Ripple, le Litecoin, et quelques autres.

1. *Les Échos*, 10 février 2021.

Les cryptomonnaies ont été conçues, à la différence des monnaies de crédit, en dehors de la comptabilité en partie double. Elles constituent de ce fait une formidable régression intellectuelle, comme le serait un retour à l'antique monnaie métallique. Si vous possédez un bitcoin, personne ne vous le doit, un peu comme une pépite d'or arrachée à une mine du Klondike. Alors qu'un euro est une dette d'une banque à votre égard. Rien d'étonnant à ce qu'ait ressurgi le vocabulaire du *mining*, de la recherche du métal précieux : les informaticiens surdoués qui ont conçu les pelles et les pioches électroniques destinées à extraire des bitcoins ou des *ripples* d'un gisement informatique ressemblent aux conquistadors qui embarquaient pour l'Amérique afin d'y trouver de l'or et de l'argent, que ce soit en pillant les réserves d'or autochtones ou en les extrayant des entrailles de la Terre. En faisant couler pas mal de sang au passage...

Cette fantastique régression est souvent saluée comme la découverte d'un moderne Nouveau Monde. Cela s'explique du fait que la vraie nature de la monnaie que nous utilisons est peu connue : les personnes ayant compris que notre monnaie est une relation numérique, basée sur la comptabilité en partie double, et non une chose, ne courent pas les rues. Cette ignorance n'est guère surprenante : nous utilisons tous le courant électrique, quasiment sans arrêt, mais la plupart d'entre nous ne savent que très vaguement ce qu'est l'électricité, comment elle est produite, comment elle fait tourner des moteurs, etc. ; rares sont ceux qui ont une connaissance précise de ce phénomène. Les nombreuses sottises proférées sur le sujet de la transition énergétique, à laquelle nous consacrons un chapitre un peu plus loin, tirent essentiellement leur origine de cette ignorance.

Tant qu'il n'existait pas de concurrent sérieux face à la monnaie « relationnelle », que l'on appelle souvent « monnaie-dette », cette ignorance du rôle essentiel joué par la comptabilité en partie double ne portait pas trop à conséquence. Mais elle sera catastrophique lorsqu'il deviendra nécessaire de remettre à leur place les créateurs de crypto monnaies, auréolés de ce qui est aujourd'hui l'équivalent de la « *virtus* » des Romains : la technologie informatique. La rationalité, le réalisme, sont de nos jours quasiment réservés aux sciences et aux techniques ; pour ce qui est de l'économie, la crédulité, fille de l'ignorance, est omniprésente. En sortir est aussi difficile que de s'abstenir d'y entrer.

UN AUTRE EXEMPLE DE CRÉDULITÉ, FILLE DE L'IGNORANCE : NOTRE LÉGISLATION DES RETRAITES PAR RÉPARTITION

Pour comprendre le succès des cryptomonnaies, il est utile de regarder ce qui se passe dans un autre domaine où règnent sans partage l'ignorance et la crédulité, y compris au niveau des législateurs. En effet, la monnaie ne constitue pas le seul domaine dans lequel sévit l'ignorance du fonctionnement réel de nos institutions. L'organisation juridique de nos systèmes de retraites dits « par répartition » fournit (hélas !) un autre exemple d'erreur grossière, mettant le droit positif en contradiction avec la réalité. Il ne s'agit pas d'une erreur minime, mais d'un complet contresens relatif au fonctionnement de ces systèmes. Et cette erreur ne sévit pas seulement en France, mais quasiment dans tous les pays qui se sont dotés de retraites par répartition.

Un tel système attribue les droits à pension au prorata des cotisations immédiatement reversées aux retraités : ce sont ces « cotisations vieillesse » qui ouvrent juridiquement des droits à pension, que ce soit sous forme de points ou de prise en compte assez compliquée de la durée de cotisation et des montants versés. Ces dispositions juridiques n'ont rien de logique : si l'on cherche une raison pour laquelle avoir entretenu ses aînés ouvre juridiquement des droits à se faire entretenir par ses cadets, on ne trouve pas grand-chose de solide.

Pour comprendre l'absurdité des dispositions juridiques qui accordent les droits à pension future en raison et au prorata des cotisations versées pour entretenir les retraités actuels, supposons qu'une génération comptant un million de membres n'ait que 100 000 descendants : ceux-ci seront évidemment incapables, même avec la meilleure bonne volonté du monde, de verser des pensions correctes pendant, en moyenne, une vingtaine d'années, à des aînés bien plus nombreux que les cotisants. Si des droits à pension raisonnablement confortables ont été promis en raison du versement de ces cotisations, et qu'au moment de verser ces pensions, il n'y a que très peu de cotisants, il est impossible de tenir la promesse faite aux anciens cotisants. En revanche, si les droits à pension sont attribués au prorata de la mise au monde et de l'éducation des enfants, et s'il n'y a que très peu d'enfants, les pensions seront maigrelettes, et les adultes ne seront pas écrasés de cotisations et d'impôts au profit de personnes imprévoyantes.

En France, presque personne ne fait remarquer l'absurdité, l'irréalisme, du principe de base qui préside à l'attribution des droits à pension. Pourquoi ? Peut-être parce que, dans ce pays, la natalité n'a pas (pas encore) atteint les chiffres absolument catastrophiques que l'on observe dans beaucoup de pays européens. Nos dirigeants arrivent à faire fonctionner le système en infligeant aux actifs des taux de cotisation vieillesse exorbitants, et en faisant s'endetter l'État. Sur 2021, le déficit prévisionnel du système de retraite français destiné au secteur privé atteint ainsi 35 milliards d'euros, en partie parce que la pandémie a fait baisser les encaissements de cotisations.

Quel que soit l'objectif officiel des émissions d'obligations d'État et des bons du Trésor, leur véritable fonction est en France, pour une bonne part, de pouvoir payer les pensions des fonctionnaires retraités, et de pouvoir boucher les trous des différents systèmes de retraite du secteur public ou assimilé (comme ceux de la SNCF ou de l'ex France Télécom).

Il existe une cause historique à ce curieux phénomène. Les premiers systèmes de retraite instaurés par le législateur, historiquement, fonctionnaient par capitalisation : les cotisations étaient investies, et c'est sur ce capital accumulé que l'on comptait pour verser des pensions à ceux qui avaient contribué à le constituer. Les cotisations ne servaient pas à payer les pensions des retraités actuels, mais à préparer les pensions de ceux qui les versaient. C'était parfaitement rationnel. Pourquoi donc avoir tout changé ?

Durant la Seconde Guerre mondiale, et l'occupation d'une bonne partie de la France par les troupes allemandes, l'activité économique n'était guère florissante ; il était difficile de faire rentrer à la fois des cotisations pour investir en vue de l'avenir, et d'autres pour payer les retraites en cours. Le gouvernement de Vichy décida d'utiliser les premières, en sus des secondes, pour verser les pensions dues. C'est ainsi que les retraites françaises passèrent de la capitalisation à la « répartition » : attribution des droits à pension en raison des versements effectués au profit des retraités. Cette énormité, explicable par des circonstances extraordinairement dramatiques, fut hélas gravée par la suite dans les tables de la loi française. La plupart des autres pays firent *grosso-modo* de même, si bien que le monde entier adopta une législation des retraites par répartition totalement dépourvue de bon sens.

Quand une absurdité de cette taille est inscrite dans les tables de la loi, le doigt est mis dans l'engrenage : la loi positive, instaurée par le législateur, peut ne pas tenir compte du bon sens économique. Comment pourrait-on blâmer les personnes qui acceptent et utilisent l'arnaque cryptomonétaire, alors qu'une arnaque tout aussi importante, et même beaucoup plus importante, prospère en matière de retraites ? Les concepts économiques, à la différence des concepts utilisés par les physiciens et les chimistes, peuvent n'avoir aucune consistance, constituer des croyances irrationnelles, analogues à celles de nos ancêtres relatives aux elfes et aux fées – le charme en moins. La monnaie, construction économique, est à la merci de cette irrationalité : le succès des cryptomonnaies illustre cette affirmation.

Nous aurons à revenir sur le problème posé par l'absurdité de la législation relative aux retraites par répartition dans un chapitre que nous lui avons consacré, avec l'autre absurdité du siècle passé : la *Sécu* « gratuite » pour tous.

Qu'attendre de parlementaires, de ministres, de chefs de gouvernement, de présidents de la République, qui n'ont pas compris cette réalité toute simple, bien exposée par Alfred Sauvy (les retraites se préparent grâce aux naissances), et qui font croire à leurs administrés qu'en versant des cotisations vieillesse ceux-ci préparent leur propre retraite ? Cryptomonnaies et législations des retraites par répartition, sur une large partie de notre planète, fournissent hélas la preuve que la croyance au Père Noël ne prend nullement fin quand on atteint l'âge de raison, ou que l'on sort de Harvard, d'Oxford, ou de l'ENA.

QUE VA DONNER L'ENDETTEMENT RECORD DE LA PLUPART DES PAYS ?

La crise sanitaire du Covid-19 s'est rapidement muée en crise économique, forçant les États du monde entier à s'endetter pour distribuer des prêts ou des dons à beaucoup de ménages et d'entreprises, de façon à ce que la diminution des revenus d'activité n'accentue pas la chute de la consommation, du commerce, et finalement de l'activité. L'endettement de l'ensemble des agents non financiers, principalement les ménages, les entreprises et les administrations, a prodigieusement augmenté et continue à croître à l'heure où nous écrivons. Cet endettement que l'on peut qualifier de « mondial » va probablement dépasser bientôt les 300 000 milliards de dollars. Relisez bien ce chiffre à haute voix ou dans votre tête pour tenter d'en mesurer l'absurdité. Le risque que nous affrontons est que la dette écrase littéralement de nombreux agents, incapables de rembourser ce qu'ils doivent, si bien que de nombreuses entreprises deviendront insolvables et disparaîtront brutalement entraînant un recul de l'activité, de la production et un fort chômage.

Pour éviter cela, il faut donc prendre un autre risque, celui de l'inflation. Celle-ci est mauvaise dans les circonstances ordinaires, mais nous ne sommes pas dans des conditions ordinaires, et donc ce qui serait folie en d'autres circonstances peut devenir le remède de cheval capable de nous sortir du pétrin. À condition qu'elle ne dégénère pas en hyperinflation, elle permettra d'effacer en grande partie nos dettes.

Pour comprendre comment, il suffit de s'imprégner de cette anecdote. L'arrière-grand-mère d'un des auteurs de cet ouvrage avait placé après la Première Guerre mondiale 10 000 francs-or sur la tête de chacun de ses petits-enfants. Une somme importante, qui représentait plus de la moitié de la valeur d'une voiture neuve, comme une Traction avant. À leur majorité, ils pouvaient en disposer librement. Né en 1934, le père d'un des auteurs a pu s'acheter… la roue de secours de sa Vespa, avec le placement réalisé par sa grand-mère vingt ans plus tôt. L'inflation, c'est ça : elle ruine les prêteurs, mais libère les emprunteurs.

Il ne faut donc pas désespérer, mais il ne faut pas non plus se faire des illusions, croire que tout s'arrangera comme par miracle. L'hypothèse de l'inflation solution n'est qu'une hypothèse et les risques de verser dans le fossé sont nombreux.

Surtout, l'inflation ne résout pas le problème d'un coup de baguette magique, d'une année sur l'autre. Au lendemain de la Seconde Guerre mondiale, la France était très lourdement endettée, quasiment autant qu'aujourd'hui, avec un appareil productif en grande partie détruit. La banqueroute était donc inéluctable.

Et pourtant, cinq ans plus tard, le poids de la dette, absolument écrasant à la fin du conflit, était devenu parfaitement supportable pour ne pas dire insignifiant. Normal ! L'inflation, en 1945 fût de 38 %, puis de 64 % en 1946, 60 % en 1947, 58 % en 1948 et enfin de seulement… 3 % en 1949. En cinq ans, l'inflation avait effacé nos dettes.

Mais avec un taux raisonnable bien que déjà élevé de 4 % d'inflation sur un an, (il s'agit de l'inflation mesurée aux États-Unis sur douze mois en 2020-2021), il faudrait une petite décennie pour que l'étau de la dette se desserre un tant soit peu.

Mais à condition bien entendu que dans le même temps, l'on cesse de s'endetter au même rythme, ou encore plus intensément, en promettant d'honorer des taux d'intérêt plus élevés !

Or, malheureusement, quand on voit le déficit budgétaire annoncé pour 2021, plus de 220 milliards d'euros, contre 178 milliards en 2020, et quand on voit les projections pour 2022 et les années qui suivent, on ne peut qu'être dubitatif pour ne pas dire très inquiet.

Si l'inflation est « une » solution aux maux de la dette, elle ne marche que si l'hémorragie d'emprunts s'arrête quasiment instantanément. À l'inverse, si la boulimie de dettes continue, avec des taux d'intérêt en hausse, puisque indexés au moins en partie sur l'inflation, alors... l'Apocalypse n'est pas loin.

2

LE MYTHE DE LA RETRAITE POUR TOUS

La promesse d'une retraite pour tous a été faite peu après la Libération, dans un contexte économique et sanitaire qui n'avait rien à voir avec la situation d'aujourd'hui. Le « régime général » de Sécurité Sociale, créé le 4 octobre 1945, comportait une assurance retraite prenant le relais de celle instaurée pour les salariés dans les années 1930. Les non-salariés durent attendre 1948 pour être intégrés dans un système de retraite public, divisé en quatre régimes. Une catégorie de citoyens attendit encore un peu plus d'être prise en charge : les plus de six millions d'exploitants agricoles d'alors, dont le régime de retraites date de 1952. En 1950, date des premières statistiques dont on dispose, le tout jeune système de retraite français versa 1,8 milliard d'anciens francs de pensions. Une somme ridicule comparé au budget de l'État de la même année, un budget de « combat » de 2300 milliards d'anciens francs (ou 67 milliards d'euros, en tenant compte de l'inflation), dont 740 milliards d'anciens francs de dépenses extraordinaires, consacrées à la reconstruction du pays[1]. La

1. On rappellera au lecteur que les années d'après-guerre ont été marquées par une colossale inflation, effaçant en un rien de temps l'essentiel de la dette publique, mais ruinant du même coup les épargnants.

même année, la guerre d'Indochine coûtera 115 milliards sur un total de 420 milliards d'anciens francs de dépenses militaires. On le voit, à l'époque, le rôle de l'État n'avait rien à voir avec ce qu'il est aujourd'hui, il était centré sur ses fonctions régaliennes.

Aujourd'hui, les pensions de retraite représentent 25 % de l'ensemble des dépenses publiques, mais aussi 14,7 % du PIB français. Ces chiffres étaient à zéro, au lendemain de la guerre. Ils plombent le budget de l'État aujourd'hui.

DES RÉGIMES CRÉÉS PAR DES IGNORANTS

Cette segmentation montre que nos institutions de Sécurité Sociale furent créées en toute ignorance de ce qu'il aurait fallu savoir : le fait que les catégories socioprofessionnelles, sujettes à des variations d'effectifs considérables sur le long terme (les agriculteurs ou maintenant les ouvriers en sont l'exemple parfait), ne constituent pas des ensembles adéquats pour faire fonctionner dans la longue durée des régimes de retraite par répartition. Le cas des exploitants agricoles est typique : à la fin de la Première Guerre mondiale, ils représentaient 50 % de la population active, mais moitié moins à la fin de la seconde. Il était pourtant facile d'imaginer que le nombre de paysans allait diminuer, d'autant plus que l'on convertissait à qui mieux mieux les Jeep et autres matériels militaires réformés en engins agricoles, et que les tracteurs rouges américains commençaient à déferler sur la campagne française, dans les bagages du plan Marshall. Seul un imbécile complet ne pouvait pas imaginer qu'il y aurait moins d'agriculteurs en 1972, et moitié moins encore en 1992, et moitié moins en 2012. Pourtant, tout a été pensé et organisé comme si la France de l'an 2000 serait en tous points identiques à celle de 1950.

Certes, il est impossible de prévoir l'avenir, mais les lignes de force des évolutions en cours auraient pu et dû être prises en compte par les hommes politiques quand ils ont légiféré, peu après la Libération, en matière de Sécurité Sociale, et plus particulièrement de retraites par répartition. Le principe même du fonctionnement des retraites par répartition n'a pas été compris par ceux qui l'ont instauré : le législateur a continué à faire du paiement des cotisations la cause juridique du droit à pension, alors que la cause réelle, économique, est le renouvellement des générations, seul à même d'assurer la pérennité du système.

Et pourtant, on savait : le régime de 1930 fonctionnait par capitalisation. Les cotisations ne servaient pas à payer les pensions en cours, mais à investir pour préparer le paiement des pensions promises pour dans plusieurs décennies ! Mais les pouvoirs publics ont voulu instaurer la distribution immédiate des cotisations aux retraités, ce qu'on appelle le *pay as you go*. On peut néanmoins comprendre la défiance d'alors envers le régime par capitalisation, dont les placements et les actifs ont été durement éprouvés par la guerre.

L'ALLONGEMENT DE L'ESPÉRANCE DE VIE, CE GRAND OUBLI

L'âge de la retraite fut fixé à 65 ans, alors que l'espérance de vie à la naissance, en 1946, était de 62,7 ans pour les hommes et 68,8 pour les femmes : autant dire que les hommes décédaient majoritairement avant de pouvoir faire valoir leurs droits à pension. Ce paradoxe persista jusqu'au milieu des années 70, décennie à partir de laquelle l'espérance de vie d'une majorité de cotisants dépassa l'âge de départ à la retraite, avec un gain de trois mois d'espérance de vie par an, tous les ans. Quant aux femmes, leurs carrières professionnelles étaient rarement complètes, si bien que leurs pensions étaient le plus souvent réduites, parfois à la portion congrue. Beaucoup dépendaient de la pension de réversion pour survivre. Dans ces conditions, le financement des retraites ne posait pas de problème insurmontable. Il suffisait d'augmenter un peu les cotisations de temps en temps pour préserver l'équilibre des comptes. Mais à l'erreur d'aiguillage initiale vint s'ajouter l'arrivée au pouvoir d'un président de la République plus démagogue que ses prédécesseurs, ce qui changea totalement la donne.

En effet, François Mitterrand fut élu, entre autres, pour sa promesse de retraite à 60 ans : ayant réussi l'Union de la gauche en s'alliant aux communistes, il promettait à une part significative de son électorat des lendemains qui chantent. Certes, si l'on regarde sa réforme de près, on voit que la plupart des femmes, à la différence des hommes, ne remplissaient pas les conditions requises en 1981 : on a là un bel exemple de législation sexiste, ôtant aux moins bien loties le peu qu'elles auraient pu avoir si le législateur avait été rationnel et équitable, c'est-à-dire s'il avait attribué des droits à pension au prorata des enfants élevés, et non des cotisations versées au profit des retraités !

Cette réforme, qui prit effet en 1983, a coûté « un pognon de dingue », pour reprendre une expression chère à l'actuel président de la République, à qui l'on doit aussi le fameux « quoi qu'il en coûte ». Paradoxe. C'est à partir de ce moment-là que des régimes structurellement excédentaires ont commencé à se rapprocher du point mort, obligeant à augmenter les cotisations retraite.

Seule « vertu » de la retraite à 60 ans, elle permit de masquer partiellement le chômage de masse créé par des années d'incurie socialiste, en particulier sous Mauroy, avec les conséquences économiques désastreuses que l'on sait et que nous payons aujourd'hui encore.

APRÈS LA DÉMAGOGIE, LA PARCIMONIE

Il fallut bien ensuite resserrer les boulons : c'est le triste héritage que les démagogues laissent classiquement à leurs successeurs. Un train de mesures de sauvetage du régime général de la Sécurité Sociale, et donc des retraites de base, fut rapidement décidé au début de la cohabitation, en 1993, Balladur étant Premier ministre. Mais ce n'était que des mesures paramétriques, c'est-à-dire des mesures qui bougent les curseurs sans modifier les principes posés par la norme juridique.

Chose aberrante : de telles mesures auraient dû en bonne logique être prises par les gestionnaires, en l'espèce ceux du régime général de Sécurité Sociale. Mais en France on adore politiser les décisions, ce qui les rend par contrecoup moins efficaces, puisqu'il faut en permanence chercher le compromis et accepter mille exceptions.

Concrètement, furent programmés un relèvement de la durée de cotisation requise pour bénéficier du taux plein, de 150 trimestres à 160 trimestres, un de plus chaque année pendant dix ans. À cela s'ajouta le passage aux vingt-cinq « meilleures années » comme base du calcul de la pension. Enfin, l'indexation des pensions, qui était jusqu'alors calculée sur les salaires, fut désormais effectuée sur les prix, ce qui déconnecta l'évolution du niveau de vie des retraités de celle du niveau de vie des salariés.

DE RAFISTOLAGE EN BRICOLAGE

En 2003, huit ans après la fin du second septennat Mitterrand, on s'aperçut que le serrage de vis qui arrivait à son terme, serait insuffisant. En réalité, le compromis acquis alors, dans la douleur, était bien en deçà de ce qu'il aurait fallu faire. Un projet de loi fut donc à nouveau préparé par le gouvernement, et voté par le parlement, puisque l'on n'imaginait toujours pas que le pilotage du système de retraites puisse être confié à des professionnels plutôt que faire l''objet d'interminables et démagogiques marchandages politiques.

Il s'agissait cette fois de modifier non seulement les règles du régime général, mais aussi celles du régime des fonctionnaires, qui ne dépend pas de la CNAVTS (Caisse nationale d'assurance vieillesse des travailleurs salariés), mais directement de l'État. Pour la fonction publique, qui en était restée à 150 trimestres de cotisation pour obtenir le taux plein (au lieu de 160 pour les salariés du privé), le pas à franchir était plus important, puisqu'il fallait faire rattraper à ce régime, en matière de durée de cotisation, les 160 trimestres requis pour avoir droit au « taux plein », avant de faire évoluer les deux régimes, de concert, vers 170 trimestres.

Au lieu de faire passer cette évolution « à la hussarde », en pleine saison des vacances, comme Balladur durant l'été 1993, le Premier ministre Jean-Pierre Raffarin s'engagea alors dans d'interminables discussions avec les syndicats, négociations assez rudes qui déclenchèrent des grèves interminables et coûteuses, notamment des transports publics. Une image peu flatteuse de la France à l'étranger, image qui existe encore aujourd'hui, a été forgée à cette époque.

L'égoïsme des syndicats de fonctionnaires fut tellement odieux qu'il déclencha une grande manifestation « Oui à la réforme des retraites » le 15 juin à Paris ! Fort de cet appui, le gouvernement fit voter son projet de loi à l'Assemblée et au Sénat. C'est ainsi que ce texte combattu par les syndicats devint la *loi Fillon*, du nom du ministre des Affaires sociales d'alors. L'un des deux auteurs de ces lignes a consacré à ce psychodrame un petit ouvrage intitulé *La Pauvre loi du 21 août 2003*, titre qui souligne la modestie de la réforme – modestie qui laissait évidemment présager de nouvelles difficultés et de nouvelles « réformes ». Les compromis, nombreux, ont permis de gagner seulement quelques années, pas de trouver un équilibre durable.

Par la suite eurent lieu trois petites réformes paramétriques. Celle des régimes spéciaux en 2007 déclencha les violentes réactions corporatistes auxquelles on pouvait s'attendre de la part de ces privilégiés. Pour le régime général, la réforme Woerth de 2010 programma le plus discrètement possible l'augmentation de l'âge légal de départ en retraite, pour faire passer cet âge de 60 à 62 ans et remonter également (de 65 à 67 ans) l'âge à partir duquel il est possible de liquider sa pension sans décote en l'absence de la durée d'assurance réglementaire. Que d'embrouillaminis inutiles avant de parvenir à réaliser un simple ajustement paramétrique, relevant logiquement non pas du législateur, mais de la direction des retraites !

Autant de mesurettes qui ne permettaient que de gagner encore un peu de temps. Sans résoudre tous les problèmes inhérents au système. Emmanuel Macron n'était pas le seul candidat, en 2017, à promettre une énième grande réforme des retraites. Promesse enterrée rapidement, pour les raisons que l'on connaît.

POURQUOI LA GESTION DE LA PROTECTION SOCIALE EST-ELLE SYSTÉMATIQUEMENT POLITISÉE ?

Il semblerait que les hommes politiques adorent s'attribuer des fonctions qui devraient en bonne logique être exercées par des gestionnaires. Pourtant, cela les conduit surtout à prendre des coups dont ils pourraient se protéger, et plus encore à faire vivre aux Français des psychodrames aussi pénibles que néfastes. Quand le choix est fait de politiser des décisions techniques, les citoyens en sont de leur poche pour financer les « générosités » inévitablement accordées par l'Élysée, Matignon et l'avenue de Ségur (où siège le ministère des Affaires sociales). Après avoir enduré à chaque fois des semaines, voire des mois de conflits sociaux et de grèves.

De minimis non curat praetor[1] dit un proverbe latin. Nos dirigeants devraient retourner sur les bancs de l'école pour réviser leurs classiques : ils comprendraient qu'il n'est ni sain ni efficace de faire intervenir le législateur, ou Matignon, ou l'Élysée, pour la prise de décisions qui sont du ressort de la simple gestion. Charles de Gaulle savait et disait que « la politique de la France ne se fait pas à la Corbeille » – le lieu où, à l'époque, se négociaient les actions des grandes sociétés françaises cotées en Bourse.

1. *De minimis non curat praetor : des petites choses le préteur (magistrat du plus haut rang, rien à voir avec un prêteur !) ne s'occupe pas.*

Ce dont nous avons besoin aujourd'hui est en quelque sorte le pendant de cette déclaration qui, de façon simple et limpide, rappelle de ne pas mélanger les torchons et les serviettes : ne confondons pas la gestion de la *Sécu*, question technique, avec la réforme de ladite *Sécu*.

DE QUELLE RÉFORME LES RETRAITES FRANÇAISES ONT-ELLES BESOIN ?

En matière de retraites, une véritable grande réforme est évidemment indispensable. Elle devrait consister à cesser d'attribuer les droits à pension au prorata des cotisations versées pour payer les pensions déjà liquidées. La méthode peut paraître violente et injuste, mais c'est pourtant la seule responsable. Non, un sexagénaire ou un quinquagénaire ne peuvent pas revendiquer un droit à la retraite, et une pension, établis en fonction de leurs cotisations passées.

Une réforme responsable du système de retraite doit prendre pour fait générateur des droits les actions et les versements d'argent qui servent à entretenir et former les cotisants de demain, à savoir les enfants et les jeunes en cours de formation. Mettre au monde des enfants et les conduire jusqu'à l'âge adulte, voilà un investissement qui, logiquement, devrait ouvrir des droits à pension. Verser des contributions – cotisations ou impôts, le nom importe peu – servant à financer la formation initiale de ces enfants, et à faciliter les fins de mois des familles nombreuses, voilà qui serait une seconde source logique, économiquement rationnelle, d'attribution de droits à pension.

C'est d'une telle réforme que la France a besoin, pas de réformettes décidées par des personnes qui n'ont même pas compris le principe des échanges entre générations successives : il faut d'abord investir dans la jeunesse, pour ensuite recevoir les dividendes de cet investissement sous forme de pensions.

Un tel changement de paradigme, à la différence d'une petite augmentation ou diminution du taux de cotisation vieillesse, mérite d'être solennellement voté par le législateur. En revanche, l'ajout d'un point au taux de telle ou telle cotisation, requis pour atteindre l'équilibre financier du système, relève de la responsabilité des gestionnaires.

LA RÉFORME PROMISE PAR MACRON, SOMME TOUTE INUTILE ?

Après de nombreuses modifications paramétriques réalisées au fil des décennies, et notamment en 2013, les retraites firent l'objet en 2019 d'un véritable projet de réforme porté par Emmanuel Macron. Le chef de l'État voulait en effet réaliser une réforme systémique, inspirée par le régime suédois, et longuement préparée, sur sa demande, par Jean-Paul Delevoye. Un texte finit par être rédigé et discuté à l'Assemblée nationale. Ce projet révélait certes une absence complète de compréhension de l'échange entre générations successives, échange qui est le cœur même du fonctionnement des retraites par répartition, mais il avait bien un caractère structurel : il prévoyait le recours aux « points » pour quantifier les droits à pension acquis au fil des années par les actifs, comme cela se fait à l'AGIRC-ARRCO et dans certains pays – notamment la Suède, dont la réforme des retraites réalisée une quinzaine d'années plus tôt a servi de modèle à la petite équipe pilotée par Jean-Paul Delevoye.

Remarquons au passage que cet homme politique dirigea une entreprise de négoce agricole avant d'exercer maintes fonctions publiques : maire, député, sénateur, ministre, président du Conseil économique et social. Avait-il pour autant compris le mode de fonctionnement, l'économie, des retraites par répartition ? Il ne semble pas. À défaut, il aurait pu faire œuvre utile en conseillant tout simplement l'absorption des retraites du régime général par le système de retraites dites « complémentaires » construit par les partenaires sociaux : l'AGIRC-ARRCO possède en effet à peu près toutes les caractéristiques que le président de la République souhaitait, et les organisations syndicales et patronales auraient vraisemblablement été flattées par la reconnaissance de la supériorité de leur « enfant » sur celui du législateur (le « Régime général »). Il aurait ensuite été possible de raccrocher les « wagons » de différents régimes spéciaux, à commencer par celui des fonctionnaires, à ce convoi tiré par une locomotive de bonne facture. Et les régimes de travailleurs indépendants, artisans, commerçants, professions libérales et auto-entrepreneurs auraient pu, eux aussi, entrer dans ce grand régime, destiné à instaurer en France un régime unique de retraites par répartition.

Cette occasion ne fut pas saisie, car sans doute personne n'osa même l'envisager. Que le privé vertueux absorbe le public impécunieux, quel affront ! Nonobstant la complication et l'incomplétude du projet, autrement dit son peu d'envergure, les propositions d'amendements furent extrêmement nombreuses. Cette agitation parlementaire conduisit le Premier ministre à engager la responsabilité du Gouvernement, conformément à l'article 49-3 de la Constitution, ce qui permet de considérer le texte comme étant adopté si une motion de censure n'est pas votée par une majorité de députés. Le vote intervint le 5 mars 2020. Dix jours plus tard, la France était confinée. On connaît la suite.

TROIS SCÉNARIOS DE « RÉFORME » DES RETRAITES

La réforme en profondeur de notre système de retraite est plus que jamais indispensable, mais aussi urgente. D'abord, bien sûr, parce qu'il est trop compliqué, divisé en deux douzaines de régimes de base plus des régimes complémentaires. Mais aussi parce que sa gestion absorbe une fraction beaucoup trop importante des cotisations. Cela vient du fait que le Français moyen a des droits dans trois ou quatre régimes différents : imaginez une entreprise employant trois personnes là où une seule suffirait pour « faire le job » si l'organisation était correcte, et vous aurez une idée de la productivité globale qui résulte de la superposition de régimes, les uns de base et les autres complémentaires ! La comparaison avec la *Social Security* américaine – nom du système de retraites par répartition en service aux États-Unis – est instructive : les pensions sont du même ordre de grandeur que dans le régime général français, mais les frais de gestion, en pourcentage des prestations versées, sont moitié moindre.

En adoptant un système unique de retraites par répartition, on pourrait réduire fortement les frais de gestion, et donc éviter chaque année des gaspillages importants. Une dizaine de milliards au bas mot, et plus vraisemblablement une vingtaine, pourraient servir à augmenter les prestations sans toucher aux taux de cotisations. Quand on sait que le déficit du système de retraite a atteint 49 milliards d'euros en 2020, principalement par manque de cotisations, et que les prévisions pour 2021 ne sont pas meilleures (36 milliards d'euros), on voit à quel point une vraie réforme profonde et ambitieuse est indispensable et urgente.

À défaut, deux scénarios se profilent à l'horizon :

Celui d'une situation économique cataclysmique, que le titre de ce livre anticipe sans bien évidemment la souhaiter. Si la France se trouvait brutalement dans l'incapacité d'emprunter pour financer ses déficits récurrents, il faudrait bien trouver l'argent quelque part. Le déficit prévisionnel pour 2021, abyssal, est de 220 milliards d'euros. Si demain, la France se trouve incapable d'emprunter, ou en tout cas, obligée d'emprunter avec parcimonie[1], ce ne sont pas quelques dizaines de milliards d'euros qu'il faudra économiser d'un seul coup, mais plus probablement au moins 100 milliards d'euros dès la première année, et plus encore l'année suivante, et toutes les années qui suivront ! Autrement dit, ces sommes, aujourd'hui empruntées pour être injectées dans notre économie, manqueront tous les ans au PIB et au pouvoir d'achat des Français.

Or, quand on sait que les retraites absorbent à elles seules 25 % de la dépense publique, taux largement supérieur à ce qui se pratique en moyenne dans les pays de l'OCDE (18 %), on devine facilement qu'il faudra adopter des mesures d'urgence forcément très violentes ciblant spécifiquement (mais pas seulement) les pensions de retraite.

De nombreux signaux faibles préparent d'ailleurs le terrain à de telles mesures confiscatoires : plusieurs

1. En 2020, l'Agence France Trésor a emprunté 289,5 milliards d'euros, puisqu'il faut emprunter non seulement pour financer le déficit de l'État, mais aussi pour rembourser des dettes anciennes arrivées à maturité !

Le principe exact de la cavalerie...

rapports[1] ne proposent-ils pas de faire payer un loyer fictif (ou implicite) aux propriétaires de logement occupés à titre de résidence principale, une fois leur emprunt bancaire intégralement remboursé ? Dans une France majoritairement propriétaire, en particulier la France des seniors, l'idée est tout sauf anodine.

D'autres proposent de calculer les droits à pension en tenant compte du patrimoine immobilier, mais aussi de l'épargne du demandeur, étendu au foyer fiscal. Un citoyen fourmi, propriétaire de son logement, titulaire d'un contrat d'assurance vie bien garni, serait privé d'une partie significative de sa pension au double prétexte qu'il n'en a pas besoin pour vivre confortablement, et de la solidarité nationale. On peut aisément imaginer que pendant un laps de temps très limité, les donations seront privilégiées fiscalement, car l'on sait que l'argent transmis aux jeunes générations est aussitôt réinvesti dans l'économie, mais rien n'est moins sûr. L'État peut tout aussi bien taxer normalement, voire surtaxer les donations, car pris à la gorge, il sera contraint de montrer à ses créanciers qu'il est capable de trouver de l'argent frais rapidement et facilement.

Dans une telle situation d'urgence, un peu comme lors d'une guerre, ceux, nombreux, qui s'estimeront spoliés tenteront tous les recours possibles en justice. Mais quand on voit comment les juridictions suprêmes valident l'abandon ou la suppression de droits fondamentaux en situation de crise ou d'exception, il est à peu près certain que les « droits acquis » retourneraient directement à l'endroit dont ils n'auraient jamais dû sortir : la caverne

1. L'économiste Thomas Piketty le propose en 2011, puis le Haut Conseil du financement de la protection sociale l'évoque dans un rapport en 2013, ou encore le *think-tank* Terra Nova, et même le Conseil d'Analyse Économique.

des mythes. Qui plus est, ces recours en Justice, forcément longs, voire très longs, pour gravir tous les échelons judiciaires, arriveraient longtemps après la banalisation, et, osons-le, l'acceptation de telles mesures... Sans compter que des mesures coercitives et contraignantes pourraient être imaginées, afin de forcer les récalcitrants à accepter le « cut-off » de leurs pensions : par exemple, un accès limité aux soins... La créativité administrative et juridique déployée pendant la crise du Covid a largement prouvé que tout ceci n'est pas de la politique-fiction.

Le deuxième scénario envisageable est celui d'une réforme des retraites, là encore sous contrainte budgétaire forte, mais sans la dimension d'urgence ou de sauve-qui-peut d'une crise brutale du refinancement des déficits français sur les marchés financiers. On peut imaginer par exemple que le sujet devienne une priorité à cause d'une hausse lente, mais constante des taux d'intérêt, rendant la frugalité budgétaire rapidement impérative.

Une telle réforme, bien que sous contrainte, n'échappera sans doute pas à l'habituelle confrontation. D'un côté, des réformistes déterminés à changer l'équation pour restaurer ce qui peut l'être de la compétitivité de la France, submergée par la mondialisation. Et bien entendu soucieux de la recherche d'un système plus juste, plus équitable, moins généreux, mais équilibré. De l'autre, des syndicats et des mouvements politiques arc-boutés sur la défense des droits acquis, se préoccupant peu de l'équilibre des systèmes présents et futurs, aveuglés par la période inédite de création monétaire en vigueur en Occident depuis 2009.

Dans une telle situation, même si le pire n'est jamais certain, l'expérience des dernières décennies est éclairante : il y a fort à parier que la réforme qui en découlerait sera un énième cautère sur jambe de bois, ne permettant de « tenir » qu'une poignée d'années.

Ce scénario est de loin le plus probable, car c'est celui qui se joue finalement peu ou prou depuis des décennies. Même la réforme votée en 2019, et qui pourrait, théoriquement, être appliquée demain, relève de cette catégorie-là, car elle autorise un nombre incalculable de cas particuliers et d'exceptions mises en place et encadrées par de simples décrets.

Il existe un troisième scénario, consistant à dire que nous ne rembourserons jamais la dette Covid (430 milliards d'euros au minimum), ni d'ailleurs non plus le reste de la dette publique, en adoptant par exemple le concept de dette perpétuelle. Une dette dont on ne rembourse jamais le capital, mais dont on paie seulement les intérêts. Certes, les modèles économiques classiques prévoient que la création monétaire à laquelle s'adonnent notamment les États-Unis, le Royaume-Uni, le Japon, la Chine, et bien entendu l'Union européenne, va déclencher une série de cataclysmes économiques largement décrits dans les manuels, et cela ne se produit pourtant pas. Pour l'instant, les tenants de la théorie monétaire moderne[1] (TMM) jubilent : les faits semblent leur donner raison, même si comme nous l'avons vu dans le précédent chapitre, il est plus que probable que la fête à la planche à billets s'achève brutalement un jour prochain.

Si un tel accord international relatif au non-remboursement des dettes publiques était trouvé, on arriverait à une situation paradoxale : une partie de

1. Selon cette théorie, défendue notamment par une partie de la gauche américaine, un État qui dispose de sa propre monnaie et s'endette dans cette monnaie, peut dépenser sans limite financière puisqu'il peut être financé par la Banque centrale, cette dernière émettant de la monnaie. Cette théorie estime aussi qu'un État peut cesser de prélever des impôts pour se financer.

l'emprunt et/ou de la création monétaire (qui vont de pair) ne serait pas consacrée à l'investissement, comme le fameux plan de relance européen de 750 milliards d'euros le promet. L'emprunt serait utilisé non seulement pour permettre aux administrations de continuer à fonctionner, comme c'est le cas depuis des décennies aux États-Unis, comme en France, mais aussi pour financer le système de santé, la prise en charge de la dépendance et continuer à verser des pensions aux personnes âgées ayant acquis des droits à une époque moins troublée et naïve...

3

CETTE TRÈS CHÈRE *SÉCU*

La Sécurité Sociale, et en particulier l'Assurance Maladie : voilà bien encore un beau rêve. Celui d'un monde meilleur, plus juste, plus généreux, plus fraternel, capable de tout, y compris de repousser, voire d'annihiler toutes les limites anthropologiques standards. La PMA pour tous, dont le remboursement à 100 % a été voté par la majorité LREM en juin 2021, figurera probablement demain dans les livres d'histoire comme étant le dernier clou planté dans le cercueil de la *Sécu*. Si on laissait les commandes de la *Sécu* aux transhumanistes, ils seraient capables de décider du remboursement à 100 % de la cryogénisation au prétexte que l'on ne peut priver un malade de la chance de pouvoir être guéri d'une maladie incurable dans le futur. De la même manière, la greffe de puces mémoire contenant langues, savoir-faire ou souvenirs pourrait être prescrite sur ordonnance, au prétexte de l'égalité des chances.

En réalité, la *Sécu* telle que nous la connaissons est une utopie dont il faudra malheureusement un jour faire le deuil, du moins sous sa forme actuelle.

Née à la fin du XIXe siècle en Allemagne à l'initiative du chancelier Bismarck, la Sécurité Sociale a tardé à faire son apparition en France. Elle a été mise en place, pour l'essentiel, au lendemain de la guerre 1939-1945.

Les ordonnances des 4 et 19 octobre 1945 posent les bases de la *Sécu française actuelle*, fortement inspirées de celles que Bismarck avait créées en Allemagne cinquante ans plus tôt.

Le problème, c'est que la *Sécu* d'aujourd'hui n'a plus grand-chose à voir avec ce que le Conseil de la Résistance a mis sur pied voici quatre générations. Imaginez qu'en 2019 (la dernière année « normale », que l'on puisse analyser objectivement), la *Sécu* au sens large, englobant le Fonds de Solidarité Vieillesse, a dépensé un total de 510 milliards d'euros ! Dans le même temps, le budget général de l'État atteignait seulement 330 milliards d'euros, dont 93 milliards d'euros non financés par les impôts, et donc empruntés sur les marchés. Les chiffres pour 2020 sont catastrophiques : le déficit de la Sécurité Sociale avoisine les 40 milliards d'euros ! Sachant que – la précision a son importance pour notre propos – les prévisions en cours d'année 2020 anticipaient un déficit de plus de 52 milliards d'euros.

Le déficit 2019 aura donc été « moins pire » que prévu. La belle affaire. Les prévisions pour 2021 sont alignées sur le « réalisé » 2020, encore près de 40 milliards de pertes.

Le déficit de la *Sécu* additionné à celui de l'État (93 milliards d'euros), à celui des collectivités territoriales (41 milliards d'euros), et à la part française du déficit de l'Union européenne (22 milliards d'euros) alourdit donc la dette publique d'environ 200 milliards d'euros pour la seule année 2020. En ajoutant différentes « bricoles », on arrive à 230 milliards d'euros. Pour comprendre à quel point ce chiffre est affolant, il suffit de prendre conscience que « les ressources nettes » collectées grâce à la TVA ont représenté 217 milliards d'euros en 2019 : c'est ce qu'annonce en toute transparence la page « Budget de l'État » sur le site du ministre de l'Économie et des Finances.

Rendons-nous compte : 230 milliards d'euros qui manquent dans la caisse pour payer ce qui est dû, c'est plus que les 217 milliards d'euros de TVA collectés en 2019 ! Pour atteindre l'équilibre, il faudrait donc faire passer le taux de la TVA, actuellement 20 % sur la majorité des achats assujettis à cette taxe, à un peu plus de 40 %. Cela provoquerait un effondrement complet de l'économie, et c'est bien évidemment impossible ! Pousser la TVA à 22 ou 23 % suffirait déjà à obérer les espoirs de relance[1]. Quant à l'impôt sur le revenu, si craint des Français, il ne rapporte au Trésor Public que 72 milliards d'euros : il faudrait en multiplier par quatre le rendement, en taxant fortement les déciles supérieurs, et en ponctionnant jusqu'à la veuve et l'orphelin, pour espérer atteindre l'équilibre budgétaire pour l'ensemble État et *Sécu* ! En réalité, le simple doublement de l'impôt sur le revenu reléguerait la Grande Jacquerie de juin 1358[2] au rang des coups de chaud estivaux.

Avec de tels paramètres, il serait tentant de clore le chapitre en disant que l'idée même de gratuité des soins pour tous les Français est purement et simplement une utopie, *bis repetita non placent*. Mais approfondissons plutôt l'analyse, car le sujet est trop important pour se contenter d'un constat d'échec sans en chercher toutes les causes – et pas seulement celles qui sont liées à la pandémie. Il faut examiner de près le mythe de la santé (au sens ultra-large) gratuite pour tous – mythe qui préexistait à la

1. Le taux de TVA de certains de nos voisins atteint parfois ce niveau, mais les autres impôts indirects y sont sans commune mesure avec les nôtres ! Preuve s'il en est en tout cas de l'efficacité de la TVA, simple à collecter. Une invention française copiée par le monde entier.

2. La Grande Jacquerie s'acheva par une répression sanglante et la décapitation du meneur, Guillaume Carle, malgré la promesse de clémence qui lui avait été faite après la conclusion d'une trêve.

crise sanitaire mondiale, laquelle n'est qu'un accélérateur de nos difficultés et un révélateur de nos dysfonctionnements, de la mauvaise gouvernance de la *Sécu*, et plus généralement de la *res publica*.

LA SANTÉ GRATUITE POUR TOUS, UNE UTOPIE NÉE APRÈS-GUERRE

La *Sécu* d'aujourd'hui est l'arrière, arrière, arrière-petite-fille de celle née des ordonnances approuvées en 1945 par le Conseil National de la Résistance : comme pour les humains, il y a pour la *Sécu* un changement de génération à peu près tous les quarts de siècle. En 1947, première année pour laquelle nous disposons de comptes détaillés, l'Assurance Maladie a dépensé 355 millions de centaines de francs – disons de « nouveaux francs » (NF), comme on appela l'unité, égale à cent anciens francs, introduite en 1960. Pour l'assurance vieillesse, le premier chiffre disponible est celui de 1950 : les versements se limitent à 18 millions de NF !

L'époque était aux lendemains qui chantent, chacun le sait, mais il faut quand même se souvenir que « les vieux » n'étaient pas gâtés. Les agriculteurs, composante alors très conséquente de la population, n'envisageaient tout simplement pas de « partir à la retraite ». La vie continuait à la ferme, on passait les rênes de l'attelage au grand fils, plus tard, le volant du tracteur, et on mourrait une nuit dans son lit. Pour les soins, on ne courrait pas chez le médecin au moindre rhume et les traitements des maladies graves étaient encore peu nombreux. La mort n'était pas médicalisée comme de nos jours. On rentrait ou on restait mourir chez soi, entouré des siens.

Mais avec le temps, le modèle économique de la *Sécu* a beaucoup changé : elle a massivement augmenté ses prises en charge, et donc pris une place d'année en année plus importante dans les comptes de la nation.

Malgré tout, grâce aux Trente Glorieuses, le système fut équilibré pendant plusieurs décennies et les cotisations des actifs, bien que croissantes, restaient modiques par rapport à celles d'aujourd'hui, car les cotisants étaient nombreux au sein de la population et les soins étaient moins sophistiqués. La Sécurité Sociale, toutes branches confondues, pouvait donc verser les sommes prévues aux particuliers et aux hôpitaux, sans recours au déficit et à l'emprunt. Et cela d'autant plus facilement que, jusqu'au milieu des années 70, la moitié des cotisants – très majoritairement des hommes, le taux d'activité des femmes étant alors inférieur à 50 % – décédaient avant d'atteindre l'âge de la retraite ! On parlait même, avec un humour grinçant, de la « retraite pour les morts ».

DANS LES ANNÉES 1970, L'IDÉE DE SANTÉ GRATUITE POUR TOUS S'EST HEURTÉE À LA DURE RÉALITÉ

C'est dans les années 70 que les choses ont commencé à déraper. Les chocs pétroliers qui ont marqué cette décennie ne sont pas les seuls responsables des difficultés rencontrées, loin s'en faut. Tout au plus, en contribuant au chômage de masse devenu chronique, ces chocs ont-ils diminué la collecte de cotisations salariales et patronales, dont l'insuffisance fut plus ou moins bien compensée par le budget de l'État, qui a commencé lui aussi à plonger (encore modestement) dans le rouge au cours de cette période. Hasard ? Nous ne le pensons pas. Mais reprenons.

La vraie cause de l'effondrement du mythe de la santé gratuite pour tous fut l'allongement de la durée de vie moyenne. Entre 1970 et 2019, l'espérance de vie à la naissance est passée de 68 ans à près de 80 ans. C'est cela qu'il faut avoir en tête pour comprendre pourquoi ce chapitre parle d'utopie à tout bout de champ : cette idée foncièrement généreuse d'une *Sécu* prenant tout en charge, depuis les formidables avancées de la médecine et de la chirurgie jusqu'aux extraordinaires progrès de la longévité. L'ampleur et la rapidité, depuis 1945, des modifications de la façon dont est organisée la société – et notamment le cycle de la vie humaine – sont inédites dans l'histoire de l'humanité.

L'ALLONGEMENT DE L'ESPÉRANCE DE VIE EST FORMIDABLE, MAIS COÛTE TRÈS CHER !

Parmi les raisons de l'allongement de l'espérance de vie, figure en bonne place la très forte diminution de la mortalité infantile, pour ne pas dire sa quasi éradication. Il y a un siècle, en France, 14 % des enfants décédaient avant leur premier anniversaire. Comparée à celle que l'on pouvait constater dans les pays du tiers-monde, et notamment dans les « colonies » des pays occidentaux, l'espérance de vie à la naissance était certes meilleure, mais pas énormément. En 1950, les progrès de la médecine, des soins post-nataux et de la vaccination de masse avaient déjà grandement modifié la donne : on ne comptait plus que 52 décès avant le premier anniversaire pour mille enfants nés en France, au lieu de 140 quelques décennies plus tôt. Trois générations plus tard, en 2016, ce chiffre était tombé à 3,7 pour mille. Autrement dit, il y a un siècle, trois enfants sur vingt n'atteignaient pas l'âge d'un an. Aujourd'hui, ce chiffre est cinquante fois inférieur. On sauve désormais des petits prématurés âgés de quatre mois et demi à peine (22 semaines[1]). Le graphique ci-dessous montre, mieux qu'un long discours, cette formidable évolution.

Figure 1 - Taux de mortalité infantile pour 1 000 naissances vivantes depuis 1901

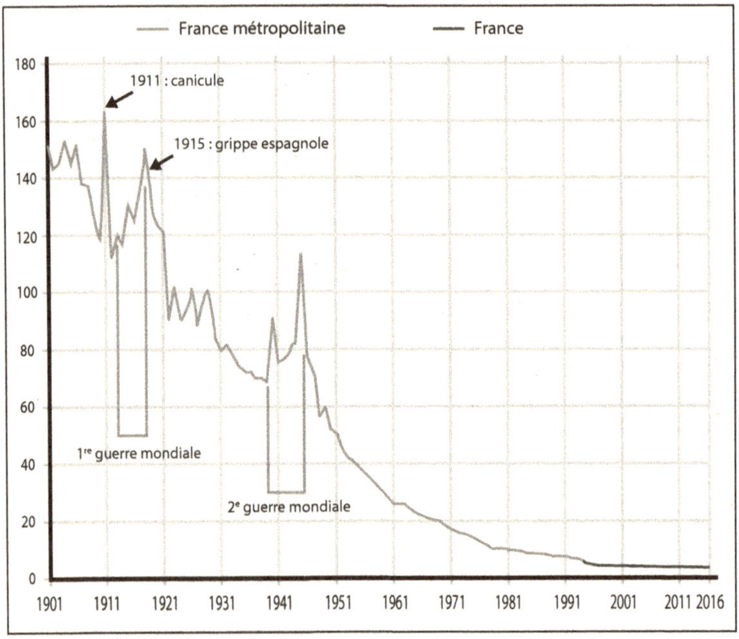

Champ : France métropolitaine et France (métropole et DOM hors Mayotte jusqu'en 2013, y compris Mayotte à partir de 2014).

À cette forte mortalité des bébés à la naissance ou dans les semaines qui suivaient s'ajoutait jadis la fréquence des décès entre un et dix ans : au XVIIIe siècle, un enfant sur deux mourait avant son dixième anniversaire. Quand on regarde l'histoire des rois de France (ou de n'importe quelle autre dynastie européenne),

1. Mais on débattait à l'Assemblée début 2021 d'un délai légal porté de douze à quatorze semaines pour l'IVG...

et que l'on compte le nombre de princes et princesses de sang décédés avant l'âge adulte, on comprend à quoi la vie tenait à l'époque, même pour les plus fortunés : à un fil.

Dans les années 1950, en France on pouvait encore mourir jeune de maladies ou pathologies parfaitement banales aujourd'hui. Le père d'un des auteurs, né en 1934, lui racontait qu'il avait perdu plusieurs de ses camarades au cours de sa scolarité. L'autre de vos serviteurs, né pendant la guerre en 1943 l'a vécu personnellement encore, au début des années 60. On mourrait aussi beaucoup plus d'accidents domestiques ou du travail. On se blessait et on pouvait mourir, en travaillant à la ferme ou à l'usine, car les normes de sécurité et les soins intensifs ou de réanimation n'avaient rien à voir avec ce que nous connaissons aujourd'hui.

L'espérance de vie des diabétiques[1] ou des dialysés était médiocre. L'asthme pouvait être fatal. Faute de soins rapides et pertinents, un choc anaphylactique, c'est-à-dire une allergie aiguë provoquée par un produit ingéré ou touché, était souvent mortel. Il n'y avait pas grand-chose pour soigner les cancers.

Il convient d'ajouter à toutes ces causes de décès prématurés la mortalité routière dont on a du mal à imaginer qu'elle dépassait 12 000 morts par an dans les années 1970, pour une population de 50 millions d'habitants

1. Ils sont 4,5 millions aujourd'hui en France, dont 1 million qui s'ignorent, mais développent des pathologies lourdes et sourdes, qu'il faudra traiter à défaut de les avoir prévenues. Le Centre européen d'Étude du Diabète affirme qu'un malade coûte en moyenne 4 500 euros par an. Les soins prodigués aux malades atteints de diabète de type 2 reviennent à 9 milliards d'euros par an, selon la Revue d'Épidémiologie et de Santé Publique. Selon la CNAM, en 2014, l'ensemble des soins directement ou indirectement liés au diabète coûtait 19 milliards d'euros à la *Sécu*, soit 15 % du total des dépenses de santé. Des coûts en augmentation de 2,9 % par an.

seulement. Proportionnellement aujourd'hui, cela représenterait 16 000 morts par an. Or, il y eut en 2020 seulement 2 550 décès dus aux accidents routiers. Certes, la pandémie a diminué la circulation, mais en 2019, année pour laquelle le facteur virus n'a pas joué, le nombre de morts sur les routes de France a été de 3 244, moins du tiers de l'hécatombe des années 1970.

En résumé : quand la *Sécu* a été inventée, on soignait, certes, mais la prise en charge des maladies ou des accidents était sans commune mesure avec ce que nous connaissons aujourd'hui. L'acharnement thérapeutique n'existait tout simplement pas, et on mourrait le plus souvent chez soi, quand aujourd'hui 75 % des décès sont constatés à l'hôpital[1].

L'ESPÉRANCE DE VIE EN BONNE SANTÉ, POMPE À PHYNANCES

Une question se pose : ces années de vie que nous avons gagnées, dans quelle mesure sont-elles des années de vie en bonne santé, propices à faire toutes sortes de choses intéressantes ? À opposer bien entendu aux années de vie marquées par la maladie, l'impotence, la dépendance, la démence. Force est de constater que l'augmentation fulgurante de l'espérance de vie nous a donné l'un et l'autre en deux générations à peine. Des années gagnées pour voyager, faire du bénévolat, bricoler, connaître ses petits-enfants, voire ses arrières-petits-enfants, et s'en occuper. Mais l'augmentation de l'espérance de vie nous ajoute aussi des années plus ou moins cloîtré chez soi, ou en maison de retraite,

1. Et dans un cas sur deux, on décède seul.

ou en EHPAD, les établissements hospitaliers pour personnes âgées dépendantes, dont les pensionnaires ont d'ailleurs fourni de très gros contingents de victimes au coronavirus.

L'espérance de vie a considérablement évolué, faisant plus que doubler, à 78,3 années, en à peine plus d'un siècle, d'avant la Première Guerre mondiale à aujourd'hui. En revanche, l'espérance de vie en bonne santé n'a pas suivi la même évolution ! En France, elle est de 63,4 ans pour les hommes, et 64,5 pour les femmes.

Ces chiffres doivent être interprétés intelligemment. Les personnes qui ne sont pas au courant de la « cuisine » statistique, et celles qui la comprennent, mais désirent « noircir le tableau » pour obtenir par exemple des âges légaux de départ à la retraite déraisonnablement faibles, vont tenir un discours du type suivant : « à 60 ans, il n'y a que trois ans et demi à passer en bonne santé, et vous voudriez porter à 65 ans l'âge de départ à la retraite, donc retraite seulement pour les impotents ! Ce serait scandaleux... ». Un tel discours peut hélas marcher auprès de personnes qui se laissent impressionner par des chiffres utilisés en dépit du bon sens.

En réalité, la construction de ces statistiques prend en compte tous les habitants d'un pays, ou d'un ensemble de pays. Le jeune de 20 ans qui meurt dans un accident de circulation tire fortement vers le bas l'espérance de vie en bonne santé comme l'espérance de vie tout court. Il ne faut évidemment pas tenir compte de ce jeune dans les statistiques destinées à évaluer combien d'années va passer en bonne santé une personne de 60 ans, ou de 65 ans. La réalité, que les recueils de statistiques démographiques nous indiquent – si on prend la peine de les lire en faisant très attention – c'est qu'en France[1], la personne ayant atteint ses 65 ans en bonne santé conservera en moyenne cet avantage pendant 11,2 ans si elle est de sexe féminin, et seulement 10,2 ans si elle appartient au véritable sexe faible – le sexe masculin...

Au risque de faire double emploi, enfonçons encore le clou. Dire que l'espérance de vie sans incapacité (concept quasiment identique à celui d'espérance de vie en bonne santé) est égale à 65 ans pour les femmes, dans tel pays et telle année, signifie que 65 ans est – pour les femmes – l'âge moyen du premier problème de santé d'une certaine importance. Mme X, victime d'un accident assez grave, lui laissant des séquelles à vie, quand elle avait seulement deux ans, va faire baisser la moyenne ; Mme Y, qui aborde sa 90e année en buvant un doigt de rhum tous les jours, sans avoir eu autre chose à faire soigner qu'une entorse, une carie dentaire et quelques rhumes, fait monter la moyenne.

Il est important d'insister sur la notion de « moyenne » : bien des personnes sont suivies et soignées la majeure partie de leur vie pour des problèmes de santé chroniques, ce qui fait baisser l'indicateur *espérance de vie en bonne santé*, sans que cela les empêche d'avoir une vie bien remplie à divers niveaux : profession, amis, famille, et ainsi de suite. D'autres ont la chance de ne voir le médecin pendant très longtemps que pour lui raconter leur vie.

1. Les données se valent pour le reste de l'Europe, même si les bienfaits du régime méditerranéen n'en finissent pas d'interpeller médecins et nutritionnistes, à condition bien entendu qu'il soit observé strictement.

L'ESPÉRANCE DE VIE SANS INCAPACITÉ SÉVÈRE

Un concept proche de l'espérance de vie en bonne santé, mais qui ratisse plus large, si l'on peut dire, est l'espérance de vie « sans incapacité sévère ». Certes, la notion d'incapacité sévère n'est pas très précise, parce que certaines personnes atteintes d'une maladie grave, par exemple un cancer, ont un tel « mental », qu'elles parviennent à mener une vie quasiment « normale », très sociale, tandis que d'autres n'ont pas « le moral » et s'isolent (ou sont rejetées, parfois même par leur famille), et dépérissent très vite. Néanmoins, il est intéressant de connaître les statistiques relatives à l'espérance de vie sans incapacité sévère : en France, les chiffres sont de 78 ans pour les femmes, et 73,7 pour les hommes. Ces derniers vont peut-être rattraper une partie de leur handicap : durant les dix dernières années, les gains d'espérance de vie sans incapacité sévère ont atteint pour eux 1,8 an, et pour les femmes seulement 1,3. La diminution de l'alcoolisme et du tabagisme chez les mâles y a contribué. L'encadrement de plus en plus strict des métiers à risque joue aussi énormément.

L'INCROYABLE GAIN EN ESPÉRANCE DE VIE, FOSSOYEUR DE LA *SÉCU*

Sachant que l'espérance de vie des personnes atteintes de diverses maladies graves, comme le cancer, a considérablement augmenté au cours des dernières décennies, du fait que ces malades sont beaucoup mieux pris en charge qu'autrefois, que l'on en guérit désormais plus de la moitié, on comprend pourquoi l'équation économique posée sur la table lors de la création de la *Sécu* n'a plus rien à voir avec la réalité actuelle. Et vous comprenez ainsi mieux pourquoi la *Sécu* imaginée en 1945 est forcément une utopie 75 ans plus tard.

La conséquence en données chiffrées, c'est que les dépenses de santé, qui représentaient 5,4 % du PIB français en 1970, ont quasiment doublé en l'espace d'un peu plus de trente ans, passant à 10,1 % en 2003. Hors crise du Covid, en 2019, elles approchaient 12 % du PIB. Et en 2020, en comptant les dépenses médicales liées à la pandémie, mais pas les pertes de production qu'elle a provoquées, elles ont probablement atteint 15 % du PIB. Ces 15 %, ajoutés aux 14 % du PIB pour les dépenses de retraite font mal, très mal...

AYANT-DROITS ET COTISANTS NE SONT PLUS DANS LE MÊME BATEAU

Au cours des dernières décennies, on a surchargé la barque de la *Sécu* en changeant le périmètre de prise en charge et d'ayants-droits, toujours dans un souci de générosité à tous crins.

Ainsi une loi lourde de conséquences, adoptée le 12 juillet 1977, accorde l'accès à toutes les prestations sociales et familiales à quasiment toutes les personnes résidant sur le territoire français.

Cette dissociation entre la qualité de cotisant, liée à l'activité professionnelle, et celle de bénéficiaire, dont l'acquisition est devenue de plus en plus facile, a ensuite été amplifiée par la mise en place de la Couverture Maladie Universelle (CMU) en l'an 2000, puis par la création de l'Aide Médicale d'État (AME).

Telle est la véritable histoire du *mythe de la Sécu*, depuis sa naissance. Ce tableau est inquiétant. Il fait penser que cette institution, si chère – aux deux sens du terme – à la plupart des Français, et aussi – surtout en un sens – aux étrangers qui en profitent, pourrait bien être mortelle.

De fait, la *Sécu* est déjà en soins intensifs depuis des décennies. Beaucoup ont oublié qu'en 1996, sa dette était déjà tellement énorme qu'elle a dû être transférée à une caisse spécifique, la CADES ou « caisse d'amortissement de la dette sociale ». Cela s'appelle « cacher la poussière sous le tapis » : elle est toujours là, mais pour la voir il faut trouver sous quel coin du tapis elle a été « planquée ».

La CADES est financée par une taxe, créée la même année qu'elle, la CRDS (Cotisation pour le Remboursement de la Dette Sociale), au taux de « seulement » 0,5 %, taxe qui frappe tous les revenus, et qui a rapporté 18 milliards en 2018. À l'époque de leur création, promis, juré, la CADES et la CRDS devaient disparaître au bout de 15 ans, soit en 2011, une fois la dette remboursée. Il n'en a rien été. Pourquoi ?

Parce que le législateur a chargé la CADES de nouveaux tombereaux de dettes à rembourser, si bien que nous traînerons le fardeau de la CRDS pendant encore des décennies. Sa disparition a certes été promise pour 2025, mais cette promesse est devenue tout bonnement intenable avec le déficit de la *Sécu* en 2020, et celui qui s'annonce pour 2021... et pour les années suivantes, fort probablement.

UN DÉFICIT BOOSTÉ PAR LES FRAUDES

Le 4 février 2021 les médias nous ont appris que le ministre des Comptes publics, Olivier Dussopt, allait lancer une trentaine d'actions en vue de lutter contre la fraude sociale. Il déclara que la fraude aux prestations et cotisations sociales détectée en 2019 s'élevait à 1,5 milliard, mais que la plus grosse partie n'était pas détectée : « elle est régulièrement évaluée entre cinq et 6,5 milliards pour les cotisations sociales. » Le ministre ajoutait « on est très loin des dizaines de milliards que certains avancent ». En disant cela, Olivier Dussopt visait très probablement les enquêtes remarquables menées par un magistrat, Charles Prats, qui a publié chez Ring en 2020 le résultat de ses investigations dans un ouvrage passionnant ayant pour titre *Cartel des fraudes.*

Charles Prats fut d'abord inspecteur des douanes, métier qui aiguise évidemment le flair, permettant de détecter les irrégularités et filouteries habilement dissimulées. Devenu magistrat, après avoir encore développé ses capacités d'investigation comme juge d'instruction, il fut nommé à Bercy en tant que magistrat chargé de la lutte contre les fraudes fiscales et sociales. L'ordre de grandeur de la fraude sociale – donc, abstraction faite de la fraude fiscale – est selon cet expert incontestable de 50 milliards par an. Nous sommes donc très loin des 1,5 milliard d'euros « officiellement détectés » ! Ajoutons que le montant de la fraude évaluée au plus juste par Charles Prats, dont la connaissance du sujet est évidemment hors de proportion avec celle du ministre des Comptes publics, concerne les seules prestations : la triche sur les cotisations s'ajoute à cette cinquantaine de milliards détournés au détriment de la *Sécu* !

L'outil de base de la fraude est la fausse pièce d'identité. Selon Charles Prats, près de cinq millions d'individus fantômes bénéficient de prestations sociales. La Cour des comptes, dont on sait combien elle est tatillonne et précise, identifie 75,3 millions d'assurés sociaux dans notre beau pays. Sachant que celui-ci compte

67,1 millions de résidents au dernier recensement, il y a visiblement un truc qui cloche. Ce truc, c'est la mise en circulation de millions de cartes Vitale qui permettent à leurs porteurs de se faire soigner gratuitement, sans que l'administration découvre qu'ils ne sont pas vraiment assurés sociaux.

La fraude concerne pour une part des Français. Charles Prats explique que la dissimulation d'un décès permet de faire se poursuivre le versement d'une pension. Si le bénéficiaire âgé avait officiellement permis, de son vivant, que tel de ses enfants entreprenne différentes démarches en son nom, et notamment sur son compte en banque par le biais d'une procuration, les sommes continuent à être versées par la ou les caisses de retraite pendant des années, et elles ne sont pas perdues pour tout le monde !

De même, un couple de concubins (soit plus d'un couple sur deux désormais) peut tirer parti de son absence de caractère officiel pour toucher des prestations sociales réservées aux personnes « isolées ». Quitte à donner une adresse fictive pour l'un des deux larrons. Cette fraude est tellement banale que bien des bénéficiaires de ces prestations n'ont même pas l'impression de tricher. À quoi bon défaire et refaire sans cesse des déclarations, à chaque changement de partenaire, ou pendant les périodes de célibat volontaire ou subi ?

La fraude a aussi une dimension internationale. En effet, il est plus difficile d'aller vérifier dans un pays étranger si les nombreux centenaires qui y perçoivent des pensions de la *Sécu* française sont toujours en vie. Si bien que le montant des mandats émis par l'assurance vieillesse française est tranquillement encaissé par le fils ou la fille du défunt.

Ce ne sont ici que quelques exemples de fraudes avérées dont Charles Prats donne tous les détails, mais aussi les preuves, dans son ouvrage, que nous vous invitons à lire au plus vite, si ce chapitre sur la *Sécu* et le précédent sur les retraites vous ont interpellés. Il va de soi que la traque de toutes ces fraudes, à défaut de pouvoir les éradiquer totalement, est quasiment la seule mesure choc capable de sortir la Sécurité Sociale au sens large du couloir de la mort dans laquelle elle s'est engagée en courant ces dernières années.

PLUS DE COTISATIONS ET PLUS DE TAXES NE SAUVERONT PAS LA *SÉCU*

On pourrait se dire que pour sauver la *Sécu*, il suffit de créer encore de nouvelles taxes, et/ou d'augmenter les cotisations. En réalité, cela ne résout rien.

L'invention de prélèvements supplémentaires disparates, comme la CRDS en sus de la CSG, l'élargissement de la même CSG à de plus en plus de cotisants et de flux financiers, complique la clarté du financement de l'État et de la *Sécu*, et augmente les frais de perception. Il ne faut pas oublier que chaque fois que l'État transfère aux entreprises la charge de prélever une nouvelle cotisation ou de payer une nouvelle taxe, il alourdit aussi les frais de fonctionnement... et crée des postes de fonctionnaires pour surveiller l'ensemble.

Multiplier les prélèvements en les déguisant avec des noms que même Courteline n'aurait pas osé imaginer sert surtout à augmenter le nombre des bureaucrates, et plus précisément des personnes qui travaillent inutilement, puisqu'un résultat identique ou meilleur pourrait être obtenu en ayant recours à deux ou trois fois moins de dispositifs, et donc de frais de gestion. C'est une façon de faire que la France devrait abandonner, de même qu'elle devrait abandonner la superposition de régimes de retraite comme le régime général et l'AGIRC-ARRCO. Ce dualisme coûte au système de retraite français largement plus d'un milliard d'euros chaque année. Le financement complexe de la branche maladie de la *Sécu* n'échappe pas à cette absurdité. Le goût de nos dirigeants pour la complication, pour le recours à deux ou trois fois plus qu'il n'est besoin de dispositifs, de caisses, de cotisations et de taxes, entraîne une formidable déperdition d'énergie et d'argent. L'entreprise France contrôle très mal ses frais généraux ; si ses dirigeants avaient appris à l'ENA le b.a.-ba de la gestion efficace, ou avaient dû faire tourner des entreprises privées condamnées à être rentables ou au moins à l'équilibre pour ne pas disparaître, notre administration pourrait produire de meilleurs services pour moins cher.

Nous devrions aussi trouver le moyen de ne pas compliquer le remboursement des frais médicaux en superposant l'Assurance Maladie de la *Sécu* et une ou plusieurs complémentaires santé. Quand on y réfléchit deux secondes, c'est totalement absurde, surtout qu'il existe maintenant des sur-mutuelles complémentaires, pour prendre en charge ce que la *Sécu*, et la mutuelle complémentaire « de base », ne couvrent pas. À quand la sur-sur-sur-mutuelle ?

Il existe d'ailleurs des cas où les surcoûts dus à ce dédoublement du remboursement sont atténués par des accords entre l'Assurance Maladie et les mutuelles, par exemple pour les fonctionnaires : un enseignant de l'Éducation nationale n'a de rapport qu'avec sa mutuelle, la MGEN, pas avec une Caisse Primaire d'Assurance Maladie, qui laisse la mutuelle faire la totalité du travail. Certes, dans ce cas, il se pourrait que le bénéfice de l'opération soit davantage capté par la MGEN que par les cotisants, mais il n'y a pas là de fatalité : les économies de frais de gestion devraient, et pourraient fort bien, servir à diminuer les taux de cotisation ou le reste à charge de l'assuré social. Simplement, il faudrait que de vrais gestionnaires s'occupent de ce genre de problèmes, qui sont traités actuellement de manière bureaucratique pour ne pas dire dogmatique. N'avons-nous pas le *meilleur-système-de-santé-au-monde* ?

SOLIDARITÉ, QUE D'ABUS COMMET-ON EN TON NOM !

L'idée de rendre les soins essentiels accessibles à tous, y compris à ceux qui n'ont pas cotisé, et même à ceux qui, par leur comportement individuel, augmentent leurs risques et par cela même les dépenses de santé dont ils auront besoin demain, est certes une idée éminemment généreuse... à ceci près que la générosité des présidents, ministres et parlementaires ne fait pas appel à leur propre argent, mais à celui de leurs concitoyens, et surtout à de l'argent qui n'existe pas, que l'on crée pour l'occasion (déficits budgétaires comblés par d'énormes emprunts). Ce faisant, cette solidarité apparente joue en fait contre la vraie solidarité, qui exige un effort de chacun, certes proportionné à ses capacités, mais réel. Cette solidarité en faux-semblant est un défaut majeur de notre système de protection sociale.

Prendre en charge un cotisant et sa famille a du sens. Prendre en charge la fatalité d'une maladie grave ou d'un accident en a tout autant. Mais la refonte intégrale de la *Sécu*, nécessaire pour la sauver de la mort par asphyxie qui la guette, ne pourra pas faire l'impasse sur les questions liées à la prise en charge des comportements à risque, dans leur ensemble.

Les assureurs, et notamment ceux qui opèrent en liaison avec les banques pour sécuriser les emprunts des ménages, peuvent exclure du bénéfice de leurs contrats les emprunteurs qui pratiquent des sports dangereux, ou exiger une forte majoration des primes dues par les fumeurs ou les obèses[1]. Pourquoi la Sécurité Sociale ne pourrait-elle pas faire de même ? La question doit être mise sur la table, étudiée sérieusement, sans quoi le système-de-protection-sociale-que-le-monde-entier-nous-envie sera en grave danger. Plusieurs pays dans le monde ont déjà franchi le pas, notamment en ce qui concerne les fumeurs.

En prime, chaque fois qu'un gouvernement exonère partiellement ou totalement de charges un secteur d'activité, afin de l'aider à rebondir, ou encore par exemple les créateurs d'entreprise et micro-entrepreneurs pendant un ou deux ans pour les aider à se lancer, il se garde bien de compenser euro pour euro le manque à gagner pour l'URSSAF. La loi devrait interdire de dissimuler le coût de certaines mesures. Quand le gouvernement, voire le législateur, mettent à la charge de la *Sécu* le coût de telle ou telle aide à tel ou tel secteur de l'économie, on bascule dans l'abus de pouvoir.

La réforme voulue par Emmanuel Macron, consistant à supprimer les cotisations salariales versées à la *Sécu* pour en transférer la charge à la CSG, n'a rien arrangé. Là encore, nombreux sont ceux qui ont agité leur drapeau, afin d'être exonérés de la CSG ou de son augmentation : c'était une des revendications des Gilets

1. Mais aussi des personnes en surpoids, des hypertendus, de ceux ayant subi une opération grave au cours des dix dernières années même si elles sont sans séquelles, des personnes guéries d'un cancer, de ceux qui présentent un bilan sanguin imparfait, mais n'ont pourtant aucune maladie ou troubles déclarés, etc.

Jaunes, et ils ont obtenu en partie satisfaction sur ce point, notamment pour une partie des retraités. Comme s'ils n'avaient pas besoin d'être soignés !

Tout cela ne serait finalement pas très grave si l'on continuait à traiter les malades avec des sulfamides et de la pénicilline. Mais aujourd'hui, la Sécurité Sociale prend en charge des soins extrêmement coûteux, que les malades ou leurs familles seraient bien incapables de payer, et l'on ne peut que s'en réjouir, si l'on se place du seul point de vue de la générosité. Mais du point de vue comptable, c'est absolument désastreux.

On parle régulièrement dans les médias de pilules facturées plusieurs milliers ou dizaines de milliers d'euros l'unité, capables de soigner des maladies chroniques, à condition de prendre le traitement à vie[1].

Ce que n'avaient pas prévu les fondateurs de la *Sécu*, c'est la capacité de la médecine moderne à maintenir en vie des malades qui, autrefois, étaient condamnés à court terme.

LE COÛT DE LA SANTÉ AUX DIFFÉRENTS ÂGES DE LA VIE

Il existe une statistique qu'il faut connaître pour bien comprendre le problème, mais que pas un homme politique n'ose citer. Cette statistique secrète, calculée par un cabinet conseil de plusieurs grands groupes mutualistes à partir de données publiques, révèle ce qu'un assuré lambda coûte à la *Sécu* et aux mutuelles au cours de sa vie.

1. Le Zolgensma, le médicament le plus cher au monde, capable de guérir l'amyotrophie spinale, est facturé plus de 2 millions de dollars. Mais ce traitement (que la *Sécu* ne prend pas encore en charge, à la date de parution de ce livre) n'est en rien responsable du déficit de la *Sécu*.

Il n'est pas ici question de montant en valeur absolue, mais de répartition des dépenses en fonction de l'âge, ou plutôt, de la proximité avec l'*ultima necat*[1], le dernier soupir. Et là, les données sont édifiantes : en France, 90 % des dépenses de santé sont effectuées au cours des deux dernières années de la vie. C'est pour cette raison que chez nos voisins anglais, passé un certain âge, la « banale » fracture du col du fémur ne déclenche pas le passage par la case bloc opératoire pour tout remettre en place, car l'opération est jugée trop coûteuse. La victime de l'accident termine donc sa vie dans un fauteuil roulant ou au mieux avec un déambulateur, ce qui accélère bien évidemment son déclin.

Si vous ajoutez à cela les dépenses engagées pour soigner les affections de longue durée (ALD), on comprend aisément pourquoi la *Sécu*, telle que nous la connaissons, semble irrémédiablement condamnée. La seule prise en charge de la dialyse, pour les malades atteints d'une insuffisance rénale chronique ou terminale, revient ainsi à plus de quatre milliards d'euros par an, pour un peu moins de 40 000 malades. Soit 100 000 euros par malade et par an. Sachant que la dialyse ne soigne pas, mais permet aux malades de survivre... Seule la greffe rénale permet de revivre quasi normalement (en prenant toutefois des médicaments immunosuppresseurs à vie). Malheureusement, la greffe rénale, dont le coût est sans commune mesure avec celui de la dialyse puisqu'elle est « amortie » dès la première année, nonobstant l'amélioration sans pareille de la qualité de vie, tourne au ralenti en France.

1. *Ultima necat*, maxime latine figurant sur certains cadrans solaires et signifiant « la dernière tue ».

ALCOOL ET TABAC PLOMBENT LA *SÉCU*

Il est impossible de parler de santé, et de dépenses de santé, sans passer par la case cancer. Cancer qui est passé en 2004 devant les maladies cardio-vasculaires, et occupe ainsi la triste première place des causes de décès prématurés en France. Bien entendu, comme l'intégralité de la littérature scientifique le répète en boucle, les cancers sont majoritairement provoqués par la consommation excessive de tabac ou d'alcool. Dans le cas spécifique du cancer du poumon, neuf sur dix surviennent chez des fumeurs, ou d'anciens fumeurs.

Il a par ailleurs été prouvé que les droits d'accises sur les alcools (matérialisés par l'effigie de Marianne sur la CRD, la capsule représentative des droits, qui surplombe les bouchons des bouteilles de vins et spiritueux), ne couvrent que partiellement les dépenses de santé induites par la consommation excessive d'alcool, de même que les taxes sur les tabacs – dont les paquets ne portent plus le timbre de la *Sécu* et l'effigie de Marianne, mais celle de la grande faucheuse – ne couvrent que partiellement les dépenses induites par le tabagisme.

Le problème soulevé par cette réflexion est bien évidemment celui de la responsabilité individuelle confrontée au principe de solidarité, socle de la *Sécu*. Il est aussi celui de l'incohérence de l'État, qui continue à organiser la vente de poisons notoires, aux conséquences désastreuses en termes de santé publique, tout en percevant des milliards d'euros de taxes (quatorze milliards d'euros grâce aux taxes sur le tabac, plus de sept milliards d'euros grâce aux alcools), indispensables au fonctionnement de la Sécurité Sociale.

Une misère, quand on consulte une étude de l'observatoire français des drogues et toxicomanies parue en 2015[1]. Cette étude, subventionnée par des fonds publics provenant notamment du ministère de la Santé, évaluait à... 240 milliards d'euros le coût annuel du tabagisme, de l'alcoolisme, et de la consommation de drogues illicites, pour l'économie française ! Un coût qui dépasse les seules dépenses de santé, en intégrant le coût social des vies « perdues » prématurément, et aussi celui des années de vie gâchées pour les malades et leur entourage, jusqu'à leur décès. On conviendra ici que ce chiffre, extrapolé, puisqu'il agrège plusieurs « coûts », mesurés ou estimés, paraît démesuré. Il a pourtant été calculé par des gens sérieux. Mais n'économiserait-on ne serait-ce que le tiers de cette somme chaque année, en prenant les mesures qui s'imposent, la *Sécu* s'en trouverait déjà libérée d'une partie notable de son imposant fardeau.

Autant dire, et le lecteur l'aura compris après cette longue, mais nécessaire démonstration, que l'équation économique de la *Sécu* est intenable. Et encore n'avons-nous pas parlé ici du fameux quatrième risque, la dépendance, qui n'est pas aujourd'hui très bien pris en charge, et pour lequel il faudra trouver rapidement une solution : en 2050, il devrait y avoir en France plus de cinq millions de personnes âgées dépendantes, contre 1,7 million « seulement » aujourd'hui. Pour faire face à ce tsunami de vieux (dont les auteurs et un nombre conséquent de lecteurs de cet ouvrage feront partie – *oui, on parle de vous là !*), il faudrait construire 50 000 places d'EHPAD par an : quand on sait qu'il manque déjà 150 000 logements neufs par an, au minimum, on comprend à quel point la situation à venir sera absolument intenable.

1. Source : https://www.ofdt.fr/publications/collections/rapports/rapports-nationaux/rapport-national-ofdt-2015/

Pourtant, il est possible de sauver quelque chose de la *Sécu*. Encore faudrait-il pour cela qu'elle ne soit plus pilotée par des politiques, mais par des gestionnaires.

LA SÉCURITÉ SOCIALE DOIT DEVENIR RESPONSABLE DE SA GESTION

La *Sécu* au sens strict, c'est-à-dire sans les retraites complémentaires, voit son budget voté chaque année par le parlement. Il s'agit d'une procédure législative en trompe-l'œil, car les projets de loi de financement de la Sécurité Sociale (PLFSS) sont traités comme les projets de loi de finances (PLF) : par application de l'article 49 de la Constitution, le gouvernement peut contraindre le Parlement à entériner son texte, sauf à adopter une motion de censure, c'est-à-dire à renverser le gouvernement.

Que contient donc ce texte intrinsèquement gouvernemental, déguisé en loi de la République comme s'il s'agissait de poser des règles générales ? Une collection de mesures techniques qui relèvent pour la plupart de la gestion des assurances maladie et vieillesse, ainsi que de la branche famille. Autrement dit, le gouvernement demande au parlement de transformer en articles de loi des dispositions de simple gestion, qui devraient en bonne logique relever de la Direction générale de la Sécurité Sociale.

Par exemple, modifier légèrement la valeur de tel ou tel paramètre, disons l'âge du taux plein pour les liquidations de pensions, est une simple mesure de gestion, destinée en l'espèce à compenser l'augmentation de l'espérance de vie. Quand le législateur a le pouvoir de se substituer aux gestionnaires pour prendre une décision de cette nature, on sait ce que cela peut donner : en 1981, la totale destruction de l'équilibre des comptes sociaux, suite à la décision démagogique d'abaisser de 65 ans à 60 ans l'âge ordinaire de départ à la retraite à taux plein. Alors que dans le même temps, l'espérance de vie augmentait, comme nous l'avons expliqué plus haut, provoquant une bonne partie des pertes abyssales du système de retraite français.

À l'inverse, les régimes de retraites complémentaires, dont l'AGIRC-ARRCO est le plus important, osent modifier, lentement mais sûrement, ces valeurs, dites « paramétriques », sans en référer au législateur. Leurs administrateurs élus suivent généralement les avis que leur fournissent leurs actuaires – ces techniciens chargés de prévoir les conséquences des actes de gestion, et plus particulièrement des modifications de valeurs apportées aux paramètres de commande.

Les complémentaires santé, qui restent assez indépendantes des pouvoirs publics, ayant appris au fil du temps à se méfier de leur ingérence, sont rarement déficitaires, en dépit de l'énormité de leurs frais de gestion par rapport aux remboursements qu'elles effectuent. Quand elles ont trop bien fait leur travail, et présentent des comptes en excédent, l'État leur tape sur la tête et leur fait les poches. En 2020, le produit d'une taxe exceptionnelle de 1,5 milliard d'euros sur les mutuelles vertueuses a été déversée sans bruit dans le tonneau des Danaïdes de la *Sécu*.

La tutelle parlementaire (et, réellement, gouvernementale) qui pèse sur l'Assurance Maladie a pour conséquence que celle-ci est gérée de manière politicienne, donc bien souvent en dépit du bon sens. Des escadrons de gratte-papiers ont envahi les hôpitaux, grevant leurs frais de gestion pour porter la bureaucratie à des sommets. À cet égard, le témoignage du Professeur Michaël Peyromaure, *Hôpital, ce qu'on ne vous a jamais dit* (Albin Michel, 2020), met en évidence ce que le recours à des lois de financement de la Sécurité Sociale a comme conséquences : la mainmise de l'Assurance Maladie sur la gestion hospitalière, et la bureaucratisation à la fois dispendieuse et paralysante qui en résulte.

Mais attention ! Ne nous polarisons pas exclusivement sur les conséquences, sur la gabegie, notamment hospitalière. Remontons aux causes, qui se situent primordialement dans la gestion de l'Assurance Maladie, gestion étatique et bureaucratique dont la source principale est le recours aux lois de financement de la Sécurité Sociale.

QUELQUES PISTES POUR RAJEUNIR LA *SÉCU*

La France ne sortira pas du marigot où elle patauge si le législateur ne pose pas une fois pour toutes une simple règle d'équilibre des comptes sociaux, qui le dispensera de voter annuellement un budget de la *Sécu*. Cette procédure est devenue une incitation permanente au *Toujours plus* que François de Closets dénonçait déjà, à juste titre, en 1982[1]. Comme le répétait Caton l'Ancien, *Delenda est Carthago*, ce pousse-au-crime doit être supprimé !

Durant les prochaines années, la gestion budgétaire sera très difficile, le gouvernement aura bien assez à faire avec les finances de l'État, qui auront besoin d'une cure d'amaigrissement drastique après les déficits massifs accumulés pendant la pandémie, et surtout avec le

1. François de Closets qui a livré des suites à son livre (*Tant et plus !* Grasset, 1992), doit aujourd'hui être bien las d'avoir sonné le tocsin pendant des décennies pour rien.

redressement – le sauvetage ? – de l'économie française qui ne sera pas des plus simples, loin s'en faut.

Pour sauver la Sécurité Sociale au sens large, il faut donc tout d'abord et de toute urgence la purger de ces millions d'ayants-droits fantômes ou illégitimes que le magistrat Charles Prats estime dans son ouvrage *Cartel des fraudes* (Ring, 2020) à cinq millions, bénéficiant de plus de 50 milliards de prestations sociales indues chaque année. Il faut aussi effectuer des réformes structurelles, offrir à la *Sécu* une véritable « cure de jouvence », comme le propose l'un de vos serviteurs Jacques Bichot (*Cure de jouvence pour la Sécu,* L'Harmattan, 2020).

Il faut ensuite revoir totalement le fonctionnement de la CMU (Couverture Maladie Universelle) et de l'AME (Aide Médicale d'État), qui octroient des droits quasi illimités à des non-cotisants, faisant porter sur l'ensemble des assurés la charge de risques dont ils ne sont en rien responsables, et solidaires à leur corps (et leur portefeuille) défendant. C'est Michel Rocard qui a déclaré le premier que la France ne pouvait pas accueillir toute la misère du monde, pas Jean-Marie ni non plus Marine Le Pen. Et c'est une évidence.

Il faut enfin responsabiliser les assurés qui prennent des risques en conscience. Plutôt que d'augmenter le prix des paquets de cigarettes, mesure qu'il est aisé de contourner (une cigarette sur trois fumées en France est importée ou de contrebande), il faut moduler leur taux de cotisation à la *Sécu* exactement comme l'assureur module le taux de l'assurance de l'emprunt immobilier. Ne pas le faire est en réalité contraire au principe constitutionnel d'égalité, il fait porter par les non-fumeurs le risque des maladies et le coût des soins auxquels les fumeurs n'échapperont pas. La même chose vaut pour les consommateurs d'alcool en excès, dont une large partie se confond avec les malades atteints de diabète de type 2. Ce problème délicat doit évidemment être soigneusement étudié avant de prendre une décision, mais attention aux études qui servent seulement à dissimuler la décision de « laisser courir » !

L'objectif n'est certes pas seulement de permettre à la *Sécu* de retrouver l'équilibre, pour toutes ses branches. Pas seulement de rembourser toutes ses colossales dettes accumulées et planquées pendant des années dans des caisses *ad hoc*. Nous devons dégager des moyens pour faire face au mur de la dépendance, mais aussi réduire considérablement les charges sociales qui plombent la compétitivité française. La solution n'est pas le tour de passe-passe macronien consistant à transférer des cotisations salariales sur la CSG ! Nous reviendrons plus loin sur ce délicat problème.

4

DEMAIN, UN MILLIARD D'AFFAMÉS

Les famines jalonnent toute l'histoire humaine, depuis la Préhistoire. Devenu sujet d'émotion médiatique et de mobilisations désintéressées ou non, la faim a heureusement reculé ces trente dernières années. Malheureusement pas en valeur absolue (le nombre des personnes sous-alimentées), car la population mondiale progresse plus vite que le nombre d'affamés. Mais en pourcentage de cette population mondiale, il y avait tous les ans un peu moins de morts de faim. Tant et si bien que le problème est globalement sorti des radars médiatiques et politiques.

La faim, dont la famine est le paroxisme, est un fléau provoqué tantôt par les aléas climatiques, tantôt par la guerre et le brigandage, tantôt par des pratiques agricoles inadaptées (et souvent inadaptables), tantôt par la mauvaise répartition des denrées disponibles. Et tantôt, surtout par la surpopulation. Il est des pays qui ne peuvent tout simplement pas nourrir convenablement les hommes, les femmes et les enfants qui y survivent. Des contrées de sable, de steppe, de toundra, où même une personne à l'hectare est une personne de trop, que la terre qui la porte ne peut tout simplement pas nourrir et ne pourra probablement jamais.

Souvenez-vous de ce chiffre, qui reviendra un peu plus tard dans ce chapitre : Cuba importe 70 % des aliments dont elle a besoin pour nourrir sa population.

La plupart des îles et archipels, mais aussi des dizaines de pays dans le monde, sont plus ou moins dans le même cas : pour nourrir leur population ils dépendent de ce qui sera produit dans d'autres pays. Il est aisé de comprendre que c'est déjà un vrai gros problème en période de paix, qui devient dramatique en période de crise, et parfois insoluble, notamment en cas de conflit armé.

LA FAIM FAIT PARTIE DE L'HISTOIRE DE L'HUMANITÉ

Mais reprenons à zéro. La faim, sur notre planète concernait avant la pandémie environ 800 millions d'êtres humains, sur un total de quelque 7,5 milliards. Cela représente donc au moins un humain sur dix.

La pandémie de Covid-19, et ses conséquences sur l'économie mondiale, ajoutées aux événements climatiques qui ont frappé plusieurs pays exportateurs nets de denrées alimentaires de base (dont la France, exportatrice de blé) ont mis un coup d'arrêt à la baisse du nombre d'affamés dans le monde.

Les courbes risquent de s'inverser durablement, condamnant des dizaines de millions d'habitants supplémentaires de la planète à mourir littéralement de faim. Je vous assure que l'on n'écrit pas cela de gaieté de cœur. Mais c'est une réalité qui est trop facilement masquée par les conséquences sanitaires, économiques, psychologiques, et sociologiques de la pandémie. Pour prendre un peu mieux la mesure du drame, retenez que l'on estime à 700 le nombre d'enfants qui, chaque jour, meurent de faim dans le monde. En comptant leurs parents et grands-parents qui suscitent moins d'émotion, ce chiffre double ou triple selon les sources.

Pour vous entretenir de ce sujet d'importance majeur, et pourtant largement négligé depuis des années, il existe heureusement des travaux de qualité. En particulier ceux d'un ingénieur agronome français qui a dirigé l'école supérieure d'agriculture d'Angers : il s'appelle Bruno Parmentier. Nous lui devons beaucoup pour la rédaction de ce chapitre.

Ce nom vous rappelle d'ailleurs certainement quelqu'un : une grande figure de l'histoire de France, Antoine Augustin Parmentier, qui vécut de 1737 à 1813, et rendit un singulier service à l'humanité en rendant populaire la culture de la pomme de terre. Sa biographie n'est pas avare de légendes, dont celle selon laquelle il aurait fait garder ses champs de patates le jour par des soldats, mais pas la nuit, afin que les paysans soient tentés de voler quelques plants pour leur propre compte. L'histoire a en réalité été inventée après sa mort pour renforcer le mythe autour du personnage. L'important, c'est que la patate a sauvé des centaines de millions d'européens de la famine depuis cette époque. Bruno Parmentier est l'un de ses descendants. Citons simplement trois de ses ouvrages : *Nourrir l'humanité* (La Découverte, 2007), *Faim zéro* (La Découverte, 2014), ainsi que *Manger tous et bien* (Seuil, 2011).

DANS 30 ANS, NOURRIR DIX MILLIARDS DE TERRIENS

Le problème n'est pas seulement de remplir (mal) aujourd'hui l'estomac d'environ 7,8 milliards de femmes, d'hommes et d'enfants, nombre actuel estimé d'habitants de notre planète, mais aussi de savoir comment en alimenter presque cent millions de plus chaque année, puisque tel est le rythme actuel de la croissance démographique mondiale ! Oui, tous les ans, il y a 100 millions de bouches à nourrir en plus sur notre planète. Pour les trente prochaines années, les prévisions tournent autour de deux milliards d'êtres humains supplémentaires. Presque de quoi atteindre dix milliards de terriens. L'Afrique et la partie méridionale de l'Asie sont les points chauds de cette croissance inquiétante. Certains experts prédisent un ralentissement de la croissance de la population mondiale, et un point de bascule plus bas, autour des neuf milliards d'habitants. Hélas, même dans ce cas nous avons un problème.

Car attention ! Il ne faut pas oublier de combiner augmentation rapide de la population et augmentation du niveau de vie : les classes moyennes, c'est-à-dire l'ensemble des personnes qui ne sont ni très riches, ni pauvres, vont certainement devenir de plus en plus nombreuses, partout dans le monde, y compris dans les pays pauvres ou incapables de suffire à leurs propres besoins (la quasi-totalité). Dans un sens, c'est très bien que la pauvreté recule ainsi. Mais il ne faut pas oublier que l'accession à une certaine aisance signifie, entre autres, une forte progression de la demande en aliments d'origine animale (œufs, lait, viandes blanches et rouges, poissons), et des assiettes plus remplies, trois fois par jour. L'augmentation du niveau de vie s'accompagne également toujours d'une augmentation du gaspillage alimentaire.

L'exemple chinois illustre bien ce propos : de 1961 à 2017, selon les chiffres de Bruno Parmentier, la population chinoise a certes été multipliée par 2,1, mais la consommation de riz l'a été par 3,8, celle de blé par 9,4, celle de maïs par 14,4, et celle de légumes par 13,4 ! Pour les céréales, l'augmentation vient en grande partie du fait que les Chinois mangent davantage de viande, et en particulier de viande blanche. Pour manger du poulet, il faut bien le nourrir avec des céréales.

Ces chiffres étonnants contribuent évidemment à expliquer pourquoi la population chinoise accepte un régime qui ne lui accorde guère de liberté, mais remplit son assiette. La Chine a connu des famines d'une violence incroyable, encore dans la deuxième moitié du XXe siècle. Le Parti Communiste Chinois, non seulement a donné à manger à tout le monde, améliore le niveau de vie d'une grosse partie de la population grâce à une croissance économique exceptionnelle, mais il redonne aussi à la Chine une place dans le monde comparable à celle qui fut la sienne avant son humiliation par l'Angleterre, la France et la Hollande, puissances occupantes et colonisatrices aux XIXe et XXe siècles. Nous lui consacrons un chapitre, qui abordera aussi l'affrontement avec l'Occident et les États-Unis, un peu plus loin dans cet ouvrage.

LA FRANCE, PAYS EXPORTATEUR DE PRODUITS AGRICOLES

Le formidable développement de la production agricole, bien plus rapide que l'accroissement de la population, n'est pas limité à des pays qui, dans les années 1960, pouvaient être considérés comme pauvres : en France, durant la même période, de 1961 à 2017, la population n'a été multipliée que par 1,34, mais les coefficients multiplicateurs de production des denrées agricoles de base sont très élevés : 3,9 pour le blé, 5,7 pour le maïs, 3,4 pour la volaille. Bien sûr, cela ne veut pas dire que chaque Français a mangé énormément plus de céréales. En revanche, il a consommé bien plus de viande, et en particulier de poulets ou de porcs, qui sont nourris avec du blé ou du maïs. Comme en Chine...

La France est *de facto* une vraie puissance agricole, depuis des lustres ; elle exporte une partie significative de sa production, contribuant ainsi à équilibrer la balance du commerce extérieur français, mais aussi à nourrir des dizaines de millions de personnes dans le monde. C'est malheureusement de moins en moins vrai aujourd'hui. Nous y reviendrons.

PRODUIRE PLUS SANS ÉPUISER LA PLANÈTE

Jusqu'à présent, la production alimentaire mondiale est globalement suffisante, même si malheureusement il existe beaucoup de pauvres qui ne mangent pas à leur faim, tandis qu'en d'autres régions du globe la production, excédentaire, est en (trop grande) partie perdue ou gaspillée. En revanche, l'augmentation prévue de la population mondiale combinée avec une forte augmentation du poids des classes moyennes dans cette population, et donc de la consommation de produits animaux, posera de sérieux problèmes.

Comment réussir l'exploit de mieux nourrir un plus grand nombre d'êtres humains sans épuiser les sols, ni les artificialiser exagérément par l'usage intensif d'engrais chimiques ? Comment ne pas mettre en péril la faune des mers, des lacs et des cours d'eau par une pêche trop intensive ?

L'OCÉAN NE PEUT PAS TOUT

La pêche et l'aquaculture jouent un rôle important dans l'alimentation mondiale. En 2018, ces activités (pêche en milieu naturel plus élevage) ont fourni 179 millions de tonnes de produits aquatiques : poissons, crustacés, mollusques, et même mammifères. Il ne faut pas oublier les baleines, bien qu'elles comptent pour très peu aujourd'hui dans le lot : le Japon a repris leur pêche commerciale en 2019 ! Leur raréfaction, et la menace de leur disparition, nous rappelle ce à quoi la surpêche aboutit à coup sûr.

Comment donc capturer et consommer encore plus de poissons sans dépeupler les océans et les eaux douces des espèces les plus comestibles ? Les prévisions pour 2030 sont alarmantes, puisqu'elles fixent « l'objectif » de pêche à 204 millions de tonnes, alors même que les ressources halieutiques commencent à manquer en certains points de la planète.

Il faut être raisonnable dans les prélèvements effectués, compter de plus en plus sur les fermes aquatiques, l'élevage des poissons, des crustacés et des coquillages, et un peu moins sur la pêche. C'est ce qui se pratique par exemple depuis longtemps pour les huîtres, que les ostréiculteurs cultivent un peu comme les horticulteurs cultivent des fleurs.

Les mammifères marins, à commencer par les baleines, ont vécu une hécatombe : en tuer 1500 par an, comme au XIXe siècle, en les harponnant à la main, ne faisait pas courir un grand danger à l'espèce ; mais le rythme de 50 000 par an atteint dans les années 1930, quand cette chasse a été industrialisée, provoqua leur quasi-disparition, brutale. Nous avons ainsi tué une de nos poules aux œufs d'or ! C'est une triste histoire, qui devrait nous faire réfléchir, car si nous commettons beaucoup de bêtises de ce genre, bonjour les dégâts ! L'apocalypse économique pourrait bien être provoquée par un comportement déraisonnable dans les domaines de la pêche et de l'agriculture. Si, au lieu de prélever 180 millions de tonnes de poissons demain, nous n'étions plus capables d'en prélever que 150 millions, ou moins encore, tout en accélérant la disparition de certaines espèces, qu'adviendrait-il de ces centaines de millions d'êtres humains qui ne mangent des protéines que grâce aux poissons ?

Outre la surexploitation des océans, il existe un réel problème de pollution de ce milieu vital pour le monde animal dans son ensemble... et pour l'espèce humaine en particulier. Comment éviter que la pollution des océans, des cours d'eau – et celle des nappes phréatiques – devienne dramatique ? Les médias ont dénoncé, à juste titre, le désastre écologique en milieu aquatique causé par les quantités astronomiques de plastiques et de micro-plastiques que l'humanité y déverse : il nous faut protéger la mer nourricière, et plus généralement l'eau nourricière, nous avons besoin d'elle ! Mais si les déclarations d'intentions louables foisonnent, les actes ne suivent pas toujours, loin de là. Préserver l'avenir requiert de renoncer à certaines facilités – par exemple cesser de produire toujours plus d'ordures ménagères et industrielles, toujours plus d'effluents, et les recycler autant que possible au lieu de s'en débarrasser dans les décharges dont beaucoup d'ordures finissent dans les cours d'eau et, au final, dans les océans.

RÉDUIRE LE GÂCHIS ALIMENTAIRE

Une partie de la solution au problème de la faim dans le monde réside en fait dans la réduction du gâchis alimentaire. Jadis, les parents enseignaient à leurs enfants qu'ils devaient finir leur assiette. Les cantines scolaires, depuis quelques années, tentent aussi d'inculquer cette habitude, avec plus ou moins d'efficacité. C'est dans cette direction que l'on trouvera la principale solution au problème du partage des ressources, car actuellement 30 % des aliments préparés, cuisinés, sont gaspillés. L'autre partie de la solution est de donner la part belle à monsieur *Tupperware* et à tous ses clones, et d'enseigner l'art d'accommoder les restes au plus grand nombre : femmes... et hommes !

Mais il faut aussi lutter contre un autre gaspillage : celui des pertes entre le lieu de production, et le consommateur. Ces pertes sont estimées, elles aussi, à environ 30 % ! Certains ont du mal à comprendre comment cela est possible, et pourtant, c'est tout simple. Prenez n'importe quel fruit ou légume. Entre la récolte, et la mise en vente, toutes les étapes de manutention et de transport provoquent des pertes difficiles à réduire. Une fois arrivés sur les étals, ces fruits et légumes vont subir une deuxième vague de pertes. On en écarte certains car ils ne sont pas mûrs, pas assez beaux, ou au contraire trop mûrs ou abîmés. Et à la fin du marché, les maraîchers jettent les invendus. Qui ne sont pas perdus pour tout le monde, heureusement et malheureusement à la fois. Il faut faire une fin de marché pour voir qui a faim, ou tout au moins, tire le diable par la queue, au coin de sa rue.

La réduction de ce gaspillage est pourtant possible si l'on ajuste les techniques de production, de distribution et de conservation en songeant non pas seulement à fournir de bons produits et de bons services à des prix modérés, mais aussi à éviter le gâchis et la détérioration de l'environnement. Le problème, c'est que prendre mieux soin des tomates, des pommes, des abricots, des fraises et des raisins, afin de limiter au maximum le gaspillage en amont du consommateur, cela coûte cher. Et pour l'instant, personne n'est disposé à payer, et les gouvernements rechignent à légiférer.

La littérature économique regorge pourtant de travaux destinés à résoudre ce problème, que l'on appelle en jargon « internaliser les externalités ». Il consiste à faire payer (en les taxant) les auteurs d'actes qui nuisent au bien commun. Mais comme nous sommes déjà assommés de taxes soi-disant destinées à changer notre comportement, pas sûr que ce soit la bonne idée à défendre. Pourtant, si nous ne combattons pas la propension naturelle de chacun de nous à privilégier son intérêt individuel à court terme, fût-ce au détriment de l'intérêt général à long terme, le sort de l'humanité durant la seconde moitié de ce siècle risque fort de ne pas être très enviable.

LE DOUBLE HANDICAP DU RÉCHAUFFEMENT CLIMATIQUE ET DE LA SURPOPULATION

Les Français ne seraient pas mécontents d'avoir un peu plus chaud sur les plages bretonnes ou normandes, mais hélas une élévation de la température moyenne de notre planète poserait de gros problèmes aux pays d'Afrique et d'Asie tropicale, régions où les températures sont déjà trop élevées pour pouvoir y maintenir certaines productions.

Or ce sont ces régions, pas notre vieille Europe, qui connaissent une explosion démographique inégalée[1].

Quand la population européenne a fortement augmenté, au XIXe siècle, pour atteindre 450 millions d'habitants en 1914, soit le quart de la population mondiale à cette époque, notre vieille Europe a bénéficié d'un climat tempéré, d'espaces cultivables importants et de progrès techniques impressionnants. La situation est beaucoup moins favorable pour les pays qui sont actuellement en voie de développement. Qu'arrivera-t-il par exemple à l'Égypte si ses cent millions d'habitants actuels continuent à se reproduire au même rythme que ces cinquante dernières années sur un territoire en très grande majorité désertique, sachant que le changement du climat dans la région, incontestable, accentue la désertification ?

Qu'arrivera-t-il au Bangladesh, l'un des pays les plus pauvres du monde, qui connaît déjà de grandes difficultés pour nourrir ses 160 millions d'habitants, si sa population atteint effectivement en 2050 le cap des 200 millions, entassés à raison de 1 400 habitants par kilomètre carré ? Une densité quatorze fois supérieure à celle de la France actuelle ? Ces deux pays ne sont pas des exceptions : rien qu'en Afrique, la Mauritanie, le Niger, le Tchad, le Burkina Fasso, et le nord du Nigéria vont devoir faire face à des problèmes analogues.

1. Non pas en nombre d'enfants par femme : il est partout en baisse, même dans les pays en voie de développement, l'ancien Tiers Monde. Non : rappelez-vous ce que nous disions plus haut sur la mortalité infantile en France, au siècle dernier, et encore avant. Arriver à l'âge adulte était un sacré pari il n'y a encore pas si longtemps. Et bien, dans les PVD, la même chose est en train de se produire. Les centaines d'ONG qui sillonnent l'Afrique mais aussi l'Asie obtiennent d'excellents résultats, elles contribuent à réduire considérablement la mortalité infantile. Grâce aux soins prodigués, grâce aux colis alimentaires, grâce aux supplémentations en vitamines. Mais par contrecoup, même si la femme africaine donne naissance à moitié moins d'enfants aujourd'hui que dans les années 80, ils seront beaucoup plus nombreux à survivre, vivre, arriver à l'âge adulte.

LE CAS ÉGYPTIEN

Revenons quelques instants sur l'Égypte, dont la démographie galopante pose aujourd'hui un grave problème, alors que le pays a été secoué ces quinze dernières années par plusieurs émeutes de la faim, littéralement.

Ce n'est pas la campagne d'Égypte menée par Bonaparte en 1798, avec un résultat qui ne fut pas particulièrement glorieux, qui nous intéresse ici, mais le fait qu'à cette époque ce pays comptait 4 millions d'habitants, à comparer aux 29 millions de Français d'alors. Aujourd'hui la France métropolitaine compte 65 millions d'habitants, mais l'Égypte a largement dépassé le cap des 100 millions ! D'un côté, la population a plus que doublé en 200 ans. De l'autre, elle a été multipliée par 25. Le problème saute évidemment aux yeux, nul besoin d'avoir fait Polytechnique pour le comprendre.

Pourtant, le taux de natalité égyptien n'est pas délirant : il est actuellement de 2,34 enfants par femme, après avoir culminé à 3,2 enfants par femme en 2012.

Mais comme la population égyptienne est très jeune, le nombre de jeunes filles, jeunes femmes et femmes en âge d'avoir des enfants dépasse largement en proportion ce que nous connaissons en Europe. Et comme la mortalité infantile est sans commune mesure aujourd'hui, à 0,5 %, avec ce que l'Égypte connaissait ne serait-ce qu'il y a encore une trentaine d'années, la population égyptienne augmente, tenez-vous bien, de 1,6 million de (très jeunes) habitants par an ! On conçoit donc aisément que, si une large partie de l'humanité croît de la même manière que la population égyptienne, indépendamment des ressources disponibles, nous allons au-devant de très graves difficultés.

L'humanité ne dispose en effet, pour vivre, que de la planète Terre. Son potentiel est certes grand, mais non infini. Le problème démographique de l'Égypte et d'une large partie de l'Afrique et de l'Asie est donc forcément aussi « notre problème », à nous Français, Allemands, Italiens, européens, occidentaux, etc. : nous devons avoir conscience du fait que la France (et à fortiori l'Europe) n'est pas une île, et que les Français (les Européens, les Occidentaux) auront à prendre leur part de la résolution des problèmes rencontrés par les pays en voie de développement, submergés par une population jeune à laquelle ils ne peuvent donner nourriture, éducation, travail, avenir. Refuser de débattre du problème de l'immigration ne résout évidemment rien, et ne fait qu'aggraver le problème à terme.

Il est important de souligner ici que le pays le plus peuplé du monde, la Chine, s'est attaqué depuis longtemps au problème de la démographie galopante. Officiellement peuplée de 600 millions d'habitants dans les années 1950, elle est, toujours officiellement, peuplée aujourd'hui de 1,4 milliard d'habitants. Nous insistons sur le mot « officiel », car pour la Chine, rester en tête est éminemment important politiquement parlant. Pourtant, plusieurs démographes annoncent que l'Inde a déjà dépassé, ou est en train de dépasser la Chine en nombre d'habitants.

Mais cette heureuse maîtrise de la natalité, on la doit à la politique de l'enfant unique instaurée dans les années 80 par le Parti Communiste Chinois. Un parti, et un système politique, capable de prendre conscience que le nombre d'enfants par femme de 5,75 en 1970 n'était pas tenable sur la durée, et donc d'agir en conséquence. Ce nombre a été divisé par deux en dix ans, pour tomber aujourd'hui à 1,69 enfants par femme. Depuis 2018, le deuxième enfant n'est plus « illégal », une prime de naissance équivalente à environ 500 euros est même versée à son arrivée. Il n'empêche : la population chinoise devrait, selon les démographes, repasser sous la barre du milliard d'habitants, peut-être, 850 millions, dès la fin du siècle.

Pour réussir à contrôler la démographie comme la Chine y est parvenue, faudra-t-il encourager les régimes politiques dictatoriaux, pour que des pays comme l'Égypte ou le Bangladesh agissent à leur tour de manière autoritaire sur la reproduction de leurs administrés, et donc, sur la natalité ? Comment résoudre le problème alimentaire auquel l'humanité est d'ores et déjà confrontée sans vouloir l'admettre, sans passer par la « dictature du prolétariat » ou pire, par d'autres méthodes encore moins respectueuses des droits de l'homme, comme les campagnes de stérilisation que certains pays, voire, certaines ONG, sont accusées de mener en douce sous couvert de « soins médicaux » ?

LA MALÉDICTION DE LA MANNE PÉTROLIÈRE

La France, en colonisant l'Algérie, lui a permis de beaucoup se développer. Loin du révisionnisme historique ambiant qui raconte une tout autre histoire, c'est aux socialistes français que l'on doit la naissance de l'Algérie française, dans les années 1830-1850. En cent ans de colonisation, la population algérienne a quintuplé, et la production a augmenté bien davantage encore. Mais nos géologues ont eu le malheur de découvrir du pétrole et du gaz en Algérie. Lorsque ce beau pays eut obtenu son indépendance, dans les conditions dramatiques que l'on connaît, ses nouveaux maîtres ont cru que l'or noir suffirait à la prospérité du pays, et ils ont totalement négligé l'agriculture. Citons Bruno Parmentier : « *Depuis l'indépendance de l'Algérie, la France a réussi à tripler sa production agricole pendant que là-bas la production stagnait [à son niveau de l'indépendance, NDLR] et que c'est la population qui a triplé : cherchez l'erreur !* »

Les chiffres parlent d'eux-mêmes : en 1974, l'Algérie consacrait un peu moins de 700 millions de dollars aux importations alimentaires. Quarante ans plus tard, la facture dépassait les onze milliards de dollars. L'Algérie est le premier client du blé français : un quart du blé tricolore file en Algérie. Certaines années, ce chiffre grimpe à 30 %. Elle importe aussi massivement du lait en poudre français, entre autres denrées de première nécessité.

Hélas, l'Algérie n'est pas le seul pays qui, en bonne position pour réussir son développement économique, a raté celui-ci parce que ses dirigeants ont cru que la rente pétrolière suffirait à assurer la prospérité du pays[1]. Le Venezuela et l'Iran se sont eux aussi endormis sur leurs puits de pétrole.

Le cas de la République démocratique du Congo (RDC), le plus vaste pays d'Afrique noire, peuplé de plus de 100 millions d'habitants, est encore plus caricatural. Ce pays regorge littéralement de ressources naturelles : pétrole, cuivre, cobalt, diamants. Et pourtant, le revenu annuel par habitant est égal à 470 dollars, un des plus faibles de la planète. Et la dictature en place n'a rien d'une démocratie. Les dirigeants de la RDC sont beaucoup plus préoccupés par mater les différents mouvements de rébellion qui agitent le pays que par le développement de l'économie et de l'agriculture.

1. Nous passerons ici sur le problème de la corruption et de la captation de la rente pétrolière par les élites politiques. Fort heureusement, d'excellents ouvrages fort bien documentés dénoncent le problème, quasiment universel.

RAPPELONS-NOUS DU HAUT MOYEN ÂGE

L'Europe de l'Ouest connut de nombreuses famines après la chute de l'Empire romain : la déliquescence de l'autorité engendre une vulnérabilité supplémentaire aux grandes catastrophes naturelles, comme les vagues de froid quasiment polaire qui atteignirent durant l'hiver 874-875 les territoires correspondant à peu près à la France et à la Belgique actuelles. Certains mourraient de faim, d'autres de froid, et les épidémies sévissaient : les historiens estiment que près du tiers des habitants de cette partie du continent européen a disparu durant ce seul hiver épouvantable.

Il ne s'agit pas de jouer les oiseaux de malheur, de présenter comme hautement probable la survenue d'un cataclysme analogue en un point ou en plusieurs de la Terre. Mais il ne faut pas non plus croire que notre civilisation soit invulnérable. On a vu ce que les fortes pluies et les coups de gel tardifs ont eu comme impact en 2021 sur la production de fruits et légumes français. Fort heureusement, à l'heure où nous apportons la dernière touche à ce livre, les perspectives de récolte de blé sont flatteuses, après une année 2020 désastreuse. On soupire d'aise chez nos clients du Maghreb.

LES INQUIÉTUDES D'UN ORGANISME SÉRIEUX

La COFACE, Compagnie Française d'Assurance pour le Commerce Extérieur, estime que le degré de frustration des populations est élevé en 2021 en de nombreuses parties du globe terrestre, ce qui décuple le risque (d'ordinaire très faible) de troubles civils tels que des émeutes. Si la tension grandit même dans les pays où la faim est rare, elle pourrait bien déboucher sur des violences là où la population ne peut pas compter sur les pouvoirs publics pour assurer son destin. 225 millions d'emplois à temps plein ont été perdus dans le monde du fait de la pandémie, annonce le BIT, et l'on recense 120 millions de pauvres supplémentaires : le monde est en équilibre sur une corde raide, et si le pire n'est pas le plus probable, il ne serait pas sérieux de ne pas l'envisager.

L'hebdomadaire *Le Point* a, en mars 2021, attiré l'attention sur la situation de la Turquie, pays de plus de 80 millions d'habitants gouverné d'une main de fer par son président Recep Tayyip Erdogan : l'inflation y est vive, le prix du pain augmente d'une semaine sur l'autre. Or le pain est la base de l'alimentation dans ce pays : ses habitants en consomment en moyenne 100 kilos par personne et par an ! Ce sont des phénomènes de ce genre qui expliquent les inquiétudes de la COFACE. La situation de l'Union indienne, État fédéral dont la population est passée de 360 millions en 1950 à 1,1 milliard actuellement, est également bien fragile en matière d'alimentation. La crise du coronavirus a privé des centaines de millions d'indiens de tout ou partie de leurs revenus, sachant qu'en Inde, une large partie de la population survit grâce à l'économie informelle, et gagne en travaillant le jour de quoi acheter de quoi manger le soir.

Ces quelques données économiques et exemples concrets vous ont permis de prendre conscience du grave problème de la faim dans le monde. Un problème pourtant totalement absent dans la plupart des ouvrages parus après la crise du Covid, comme s'il n'existait pas. Ce n'est pas totalement faux : on ne meurt pas de faim dans les pays occidentaux. On mange mal, on ne mange pas toujours à sa faim, on dépend des dons du Secours Catholique ou des Restos du cœur ou on se nourrit en fouillant dans les poubelles de Carrefour ou de Lidl. Mais on survit[1].

En revanche, on meurt bel et bien de faim tous les jours, dans plusieurs dizaines de pays de la planète. Le programme alimentaire mondial et les ONG ne peuvent être partout, et démultiplier leurs camps et chaînes logistiques.

Si demain, des événements climatiques exceptionnels provoquaient un effondrement de la production de blé ou de riz, des centaines de millions d'habitants de la planète se trouveraient brutalement frappés par la famine, rejoignant le quasi-milliard d'affamés actuel. Et si une autre pandémie s'attaquait aux cultures vivrières, ne serait-ce qu'à une des deux principales, le drame de la faim dans le monde atteindrait un niveau inégalé. Les bientôt 8 milliards d'habitants de la planète (souvenez-vous, nous sommes près de 100 millions de plus par an !) marchent en réalité sur une corde raide. La faim pourrait bien être le déclencheur de l'Apocalypse.

1. Les services hospitaliers français reçoivent régulièrement des patients dans un état de dénutrition avancé : enfants maltraités, ou vieillards séniles ou abandonnés.

5

CLUB MED : ON FERME !

Ne vous y méprenez pas. Les pays du Club Med dont il est ici question, ne sont pas seulement ceux dont on parle en Allemagne et en Europe du Nord avec mépris, à savoir, la Grèce bien sûr, mais aussi l'Espagne, l'Italie et maintenant la France[1]. Certes, on peut – dans la mesure où le Covid-19 le permet – acheter une semaine en Crète ou un circuit de dix jours en Turquie, mais le concept économique de « pays du Club Med » englobe aussi toutes sortes de destinations dites exotiques, situées loin du bassin méditerranéen. Nous parlons en fait ici de ces pays « de rêve », *où-il-faut-être-allé-au-moins-une-fois-dans-sa-vie*, comme la Thaïlande, le Mexique, les Maldives, les Seychelles ou encore Cuba, sans parler de toutes les autres îles et destinations « paradisiaques » vantées sur les sites Internet des agences de voyages, des tour-opérateurs et autres organisateurs de vacances exotiques.

Nous étendrons encore davantage l'expression « Club Med » en prenant en considération une formule d'industrie touristique qui s'est beaucoup développée depuis une

1. Le Portugal est un cas à part : il est parvenu en quelques années à opérer un rebond quasi miraculeux, en tout cas spectaculaire, rebond qui pourrait le sortir de cette catégorie de pays peu flatteuse.

vingtaine d'années : les bateaux de croisière géants dont les passagers descendent quelques heures lorsqu'ils font escale dans un port situé à proximité de sites archéologiques, historiques ou naturels.

LE DRAME DE L'INDUSTRIE TOURISTIQUE

Le sort des travailleurs employés par cette nouvelle industrie qu'est devenu le tourisme de groupe, dépend complètement des conditions sanitaires au niveau mondial. Les tour-opérateurs et leurs employés, mais aussi de nombreuses entreprises dont ils achètent les produits et les services, sont condamnés à subir une paupérisation épouvantable si le nombre de touristes faiblit fortement. Or, ce jour funeste est arrivé : le coronavirus a provoqué la disparition de dizaines de compagnies aériennes, la fermeture de dizaines de milliers d'hôtels et de restaurants de par le monde, l'arrêt quasi total des croisières, et cela, dans le monde entier. Et tout montre que le retour au monde d'avant », au *tourisme d'avant,* le tourisme de masse et pas cher, n'est plus possible.

Aux Seychelles comme aux Maldives, le tourisme représente d'après les statistiques officielles près de 25 % du PIB[1]. Mais l'impact d'un arrêt de l'activité touristique ne se limite pas à ces 25 % de PIB. En effet, quand il achète une grosse voiture ou plutôt un gros bateau, le directeur d'un *resort* situé sur une de ces îles contribue au PIB. De quelle manière ? En faisant travailler le concessionnaire qui importe les yachts (américains ou français) ou les voitures

1. *The Daily Telegraph* ne s'y trompe pas : il parle pour les Seychelles d'une contribution réelle du tourisme au PIB de 65 %, requérant l'ouverture du pays aux touristes vaccinés dès le mois de février 2021. https://www.telegraph.co.uk/travel/news/seychelles-reopening-vaccinated-tourists-destinations-might

(allemandes ou japonaises), il contribue au produit intérieur brut de l'archipel où il exerce son activité[1].

Il en va de même, bien évidemment, pour le réfrigérateur ou la télévision que, plus modestement, le concierge ou le barman du *resort* va offrir à sa famille après avoir économisé pendant souvent assez longtemps, car les salariés des hôtels cinq étoiles de ces contrées paradisiaques ne perçoivent pas des rémunérations particulièrement généreuses. Quant aux centaines de « petites mains » qu'emploient les grosses usines touristiques flottantes, elles sont les premières mises à pied lorsque le géant des mers jette l'ancre, si l'on peut dire, pour une période dont on ne connaît pas la fin.

Autrement dit, quand le flux des touristes s'effondre dans un « pays du Club Med », comme dans le cas d'un attentat et des annulations qui en découlent, l'impact sur l'activité dudit pays peut durer de longs mois : c'est tout son tissu économique qui souffre, par-delà les 10, 15, 20 ou 25 % du PIB estampillés « tourisme ». On imagine dès lors aisément ce qui s'est passé du point de vue économique sous ces latitudes, dans des régions privées de touristes toute l'année 2020 et au moins une bonne partie de 2021. Les prévisions les plus optimistes tablent sur un retour au « tourisme de masse » entre 2024 et 2027. Comment les économies des pays qui dépendent fortement de ce tourisme tiendront-elles ? Et les êtres humains derrière ?

1. Pour les puristes, rappelons que la consommation finale contribue au PIB, minorée des importations. Une voiture vendue 100, et importée à 50, ne contribuera donc au PIB qu'à hauteur de 50.

À CUBA : PAS DE TOURISTES, PAS D'ÉCONOMIE PARALLÈLE !

Les troubles économiques à venir seront d'autant plus dramatiques pour les contrées dont les autorités avaient uniquement misé sur la manne touristique pour donner du travail à la population et attirer des devises dans le pays. C'est le cas en particulier de Cuba, qui a connu en juin et juillet 2021 ses premières manifestations depuis la révolution. Des dizaines de milliers de Cubains ont défilé dans les rues des plus grandes villes pour réclamer, littéralement, à manger. Non seulement les Cubains ont les poches vides, mais de toute manière, les magasins d'État sont vides et ce, depuis des années ! Le pouvoir central a maté la rébellion en quelques jours, et enfermé quelques centaines d'opposants. Mais jusqu'à quand cela va-t-il tenir ?

Rappelons que jusqu'au 31 décembre 2020, l'économie cubaine s'appuyait sur deux monnaies, et même en réalité, sur trois monnaies. Le peso cubain, utilisé par la population. Le peso convertible, utilisé par les seuls touristes étrangers. Et le dollar américain, utilisé par les touristes mais aussi par une large partie de la population, car il permet de s'affranchir des aléas de la monnaie cubaine officielle.

Avec le peso convertible, les touristes consentaient à payer tous les biens et services nettement plus cher que la population locale, les prix arrivant même, parfois, à dépasser les prix occidentaux. Mais c'était le prix à payer pour visiter le pays.

Résultat, à Cuba, en février 2020, à l'aube de la pandémie et du confinement qui, peu après, allaient paralyser le monde entier, on avait l'impression que le temps s'était figé depuis les années 1960. Seule trace de modernité : partout, au fin fond de la brousse, ou à quelques mètres d'une route au goudron antédiluvien et d'une cabane improbable au toit de tôle ondulée, le *smartphone* est roi. De 7 à 77 ans, des ados à la grand-mère, les Cubains sont tous connectés sur un seul et même réseau, contrôlé par l'État ; hélas, ils ne font pas grand-chose d'autre...

Heureusement, les enfants vont quand même à l'école et les étudiants apprennent la médecine. Les études médicales sont privilégiées pour que les dirigeants puissent envoyer des escadrons de blouses blanches à chaque crise sanitaire, et cela, dans le monde entier, y compris en Italie au pic de la pandémie ! Les raisons de ces missions sont à la fois économiques et politiques : elles améliorent l'image de Cuba à l'international, et surtout le régime castriste facture ces renforts médicaux à prix d'or aux pays qui en ont besoin.

LE RÈGNE DE LA DÉBROUILLE

Les vieux ruminent, mais pour tous les autres, c'est la débrouille. Les jeunes filles roulent des cigares sur leurs cuisses pour que les touristes repartent avec cette image d'Épinal. Quant aux garçons, pour promener les touristes ils bricolent de vieilles berlines américaines dont la carrosserie ne tient plus que grâce à la peinture.

Seulement voilà : il n'y a plus de touristes dans l'île depuis mars 2020. L'économie officielle, comme l'économie parallèle est à genoux.

Pour tenter de sauver ce qui peut l'être, le gouvernement cubain, en plus d'avoir fait disparaître le peso convertible que plus personne n'utilisait faute de touristes pour les acheter, a proclamé en février 2021 une large « libéralisation » de l'économie. À la liste des

127 activités autorisées au secteur privé qui employait en 2019 seulement 14,5 % de la population active cubaine, a été substituée une nouvelle liste de 2 000 activités. En réalité, tout est « libéralisé », ce qui est un comble dans un pays communiste, sauf ce qui est lié à la presse, aux médias, à la santé, et bien sûr à la Défense. Résultat des courses : les Cubains font non seulement la queue devant des magasins vides, mais aussi désormais devant les bureaux officiels, afin d'obtenir une licence leur permettant de devenir en quelque sorte autoentrepreneurs, à défaut de pouvoir créer une véritable entreprise, ce qui n'est toujours pas possible.

Revers de la médaille : il y a fort à parier que l'État cubain se désintéresse totalement du sort de ces millions de nouveaux travailleurs indépendants. La situation n'est pas brillante : le PIB s'est contracté officiellement de 11 % en 2020 mais en réalité, l'économie parallèle, qui dépend en grande partie des échanges de biens et de services avec les touristes, a quasiment disparu. Or, c'était cette économie informelle, sur laquelle l'État fermait jusqu'ici les yeux, qui permettait à des millions de Cubains de survivre. Dans ce pays, accorder la liberté d'entreprendre sert surtout à dire « vous avez voulu la liberté d'entreprendre, débrouillez-vous avec ».

EN ASIE, LA CRUELLE ABSENCE DES TOURISTES

En Thaïlande, pays peuplé de 70 millions d'habitants, beaucoup plus que les onze millions d'habitants de Cuba, la situation est en apparence un peu moins catastrophique que dans la grande île d'Amérique centrale. Nombre d'entreprises japonaises, coréennes ou chinoises y ont délocalisé une partie de leur production, et ce processus ne paraît pas prêt de prendre fin. À titre d'exemple, les tout derniers ordinateurs d'Apple, à base de processeurs maison « M1 », ne sont plus exclusivement fabriqués en Chine, mais aussi en Thaïlande. Raison invoquée par Apple : diversifier les sources d'approvisionnement. Reste que « l'usine chinoise » est, pour longtemps encore, la première au monde.

La Thaïlande n'est pas qu'un paradis pour touristes avides de dépaysement à prix modeste : ce pays est aussi un pilier de l'industrie textile au niveau mondial. Cela n'a cependant rien de rassurant pour ses dirigeants. La faillite de plusieurs chaînes européennes et américaines de vêtements ou de chaussures bon marché, *made in Thaïland* pour une bonne part, prive les industries de ce pays de dizaines de clients distributeurs, gros donneurs d'ordres, et de milliards de dollars de chiffre d'affaires espérés pour 2020 et 2021.

Par ailleurs, les emplois liés au tourisme ne peuvent pas être transformés du jour au lendemain en postes de travail dans les industries textiles ou informatiques, pour des raisons de qualification de la main-d'œuvre, mais aussi parce que les usines et bureaux où se pratiquent ces métiers sont installés à des centaines (voire des milliers) de kilomètres des plages et des grands hôtels.

On pourrait multiplier ces exemples à l'infini : le Maroc, la Tunisie et l'Égypte ont déjà souffert de tels problèmes à chaque vague d'attentats islamistes. Il n'empêche que le tourisme est un moteur essentiel de l'économie de ces pays. Le cas de la Turquie est particulier : l'hostilité manifestée à l'Occident par Erdogan a déjà lourdement grevé l'industrie touristique turque, privée *ipso facto* d'une grosse partie de ses clients européens. Signe qui ne trompe pas : au cœur de l'été 2021, l'office de tourisme national turc finançait à grand frais des campagnes de publicité promouvant la destination dans les médias européens.

Le résultat est évident : des dizaines de pays émergents, dont les économies ont été dopées par le tourisme de masse, qui était parfois arrivé à peser un tiers ou plus de leur PIB en 2019, sont retombés brutalement vingt ou trente ans en arrière. De par le monde, des centaines de millions de familles sont privées de tout ou partie de leurs revenus, depuis des mois, à cause de la disparition des touristes. Place Jemaa el-Fna, les chauffeurs de calèches dorment à l'ombre de leur engin. Les vendeurs de jus d'oranges pressées désespèrent en l'absence de clients. Dans le souk, bien des boutiquiers n'ouvrent même plus leurs échoppes. À quoi bon ? Même les Français, qui s'étaient offerts des ryads dans la palmeraie et trouvaient facilement des clients occidentaux grâce à AirBnb désespèrent. Ici, ils n'ont droit à aucune aide, et ne peuvent rembourser les crédits qu'ils ont contractés. Pourtant, leur sort est bien plus enviable que celui des vendeurs de souvenirs, aussi bien ceux ayant pignon sur rue que ceux installés au bord des routes. La plupart ne sont payés qu'au pourcentage, 30 % sur chaque vente. Certains ne touchent parfois pas un dirham, plusieurs jours de suite.

Toutes ces familles qui dépendaient du tourisme pour vivre n'ont eu d'autre choix que de déscolariser les enfants – quand ils fréquentaient l'école – pour concentrer toutes les énergies de la famille sur une seule cause : survivre, par tous les moyens ; pêche, chasse, cueillette, culture, petits boulots, débrouille. Activités qui ne constituent pas un « grand bond en avant », ce qui d'ailleurs, si ce « bond » ressemblait au célèbre programme du parti communiste chinois qui porta ce nom du temps de Mao, à la fin des années 1950, ne serait pas forcément une panacée.

LE RETOUR AU TOURISME DE MASSE POUR 2024 OU 2027 ?

Combien de temps ces « pays du Club Med », sinistrés par la crise du Covid, vont-ils tenir ? C'est la grande inconnue, dépendant pour l'essentiel des scénarios de reprise, et de la rapidité avec laquelle redémarrera au niveau mondial le tourisme de masse dont ils dépendent fortement. La solution du pass sanitaire est encore balbutiante. Et l'émergence de nouveaux variants, dont le fameux Delta, qui a contraint plusieurs pays à se refermer voire à reconfiner au cœur de l'été 2021, n'est pas rassurante du tout pour l'industrie touristique.

Et quand bien même : imaginons que l'on parvienne à contrôler enfin le virus, grâce à la vaccination, pour le reléguer au rang d'une grosse grippe. Ou même, rêvons qu'il disparaisse, comme d'autres maladies épidémiques avant lui. Reste que des centaines de compagnies aériennes ont déjà fait faillite, que la majorité des autres sont exsangues, et que la plupart des tour-opérateurs sont dans le coma. Comment l'économie mondiale du tourisme va-t-elle redémarrer, et dans quelles nouvelles conditions sanitaires (il ne faudrait pas qu'une autre épidémie vienne prendre la place du Covid), économiques et politiques ?

Certains envisagent une explosion de la demande, en raison d'un effet de rattrapage, avec un emballement des prix, permettant de revenir au chiffre d'affaires antérieur à la crise.

Ils estiment que ceux qui voudront voyager, *a priori* nombreux, seront prêts à accepter des tarifs en augmentation sensible.

Mais un autre scénario l'emporte dans l'opinion des personnes et organismes qui s'intéressent de près à cette question : c'est l'hypothèse d'une guerre des prix et des promotions tarifaires entre destinations, chaque « spot » touristique tentant d'attirer à lui un maximum de clients, étant soucieux par-dessus tout de remplir son carnet de réservations sur des semaines et des mois, afin de reconstituer sa trésorerie exsangue, avec les acomptes des futurs clients.

Dans ce cas, tous les acteurs de ce mix qu'est un produit touristique devront faire des efforts, des transporteurs aériens aux tour-opérateurs, en passant par les hôteliers et ceux que l'on appelle les réceptifs[1]. Bien entendu, le personnel sera invité à se contenter de rémunérations révisées à la baisse. Voici le dicton qui deviendra peut-être d'actualité demain : « plus mal payé qu'une femme de ménage dominicaine, c'est possible : une femme de ménage dominicaine après la crise du Covid. »

En résumé, la réouverture aux touristes des pays du « Club Med » est non seulement probable, mais aussi indispensable. Mais au rythme où vont les choses, n'arrivera-t-elle pas trop tard dans certains pays, qui auront basculé dans l'anarchie avant le retour des touristes ? Si Cuba – pays dans lequel le calme est revenu à l'heure où nous bouclons cet ouvrage – se réveille, et que sa population renverse le régime post-castriste en place, y aura-t-il toujours 4 millions de touristes chaque année pour injecter des devises dans son économie ?

Qu'adviendra-t-il de la Tunisie, dans laquelle le coup d'État institutionnel de l'été 2021 a provoqué des annulations massives de réservations au cœur de la saison touristique, alors même que certains complexes

1. Les réceptifs sont les agences de tourisme locales, qui vous accueillent à l'aéroport, vous transportent à votre hôtel, et vous proposent des activités sur place, comprises dans votre forfait ou en extra.

touristiques affichaient seulement… 10 % de remplissage, comme au Maroc ?

Quid de la Guadeloupe, de la Martinique, de la Réunion et de la Polynésie, reconfinés brutalement au moment où les occidentaux sont en vacances ?

La crise du Covid va coûter très cher aux pays du « Club Med ». Enfin, surtout, aux centaines de millions de travailleurs formels et informels de cette industrie qui pèse 10 % du PIB mondial. Du moins qui pesait 10 % du PIB mondial, avant la pandémie.

6

CHINE VS. ÉTATS-UNIS : UNE GUERRE INÉVITABLE ?

Trump est parti. Seul contre à peu près tous les médias américains lesquels avaient globalement décidé de lui faire la peau, après l'avoir bien tannée pendant quatre ans. Le président trublion aurait pu l'emporter, sans le séisme du Covid-19, car jamais l'économie américaine – dopée aux anabolisants de la dette publique financée par des dollars inondant l'économie mondiale – ne s'était portée aussi bien qu'à quelques mois de la fin de son mandat. La totalité des économistes conviennent que la situation des États-Unis, *ante* crise, était exceptionnelle, grâce notamment à un taux de chômage descendu à 3,5 %. En février 2020, six mois avant la présidentielle, les États-Unis connaissaient le plein emploi. La dernière fois, c'était il y a 50 ans ! Donald Trump avait donc toutes les chances d'être réélu. Son score historique, sur lequel il s'appuie pour orchestrer son retour, en fait d'ailleurs foi, et oblige le camp démocrate à se tenir prêt à l'affronter à nouveau lors des prochaines *midterms*[1].

Pour autant, ceux qui pensaient que Biden allait retourner la table, et prendre systématiquement le contre-pied

1. Élections de mi-mandat aux États-Unis, renouvelant l'intégralité de la chambre des représentants, et un tiers du Sénat.

de Trump en sont pour leurs frais. À peine arrivé à la Maison Blanche, le nouveau président démocrate a par exemple signé un décret empêchant un peu plus encore l'administration fédérale d'acheter des produits étrangers, fussent-ils moins chers.

Trump l'avait déjà fait avant lui, également par décret, mais surtout en dressant des barrières douanières, ce qui avait fait hurler non seulement le monde entier (y compris les Canadiens et Mexicains voisins, lourdement impactés), mais aussi... les démocrates. Dans le florilège des droits de douane imposés par Trump à une bonne moitié de la planète, figuraient pour 250 milliards de dollars de produits chinois taxés à 25 % avant de pouvoir entrer aux États-Unis.

Cependant, nombre d'entreprises américaines sont parvenues à faire passer pour « américains » des produits en réalité en grande partie fabriqués à l'étranger, ou à partir de pièces, de composants ou de matériaux bruts (acier) importés. Des importations pour lesquelles elles ont acquitté des taxes punitives, ou sont parvenues à obtenir des passe-droits, afin de rester compétitives...

C'est cela que Biden veut désormais empêcher : les 600 milliards de dépenses fédérales annuelles, effectuées avec les impôts des Américains (et surtout avec les centaines de milliards de dollars de bons du Trésor américain qui servent à boucher les trous du budget de l'État chaque année[1]), doivent aller à des entreprises américaines, pour

1. Le lecteur sera ravi d'apprendre que la dette publique américaine s'approche des 30 000 milliards de dollars. Rien qu'en 2020, le déficit a atteint le niveau inconcevable de 3 300 milliards de dollars, Covid oblige. Les deux tiers de la dette américaine (les Bons du Trésor) sont détenus par des investisseurs, dont des banques, des fonds de pension et... la Fed, autrement dit, la Banque Centrale Américaine. La part de dette américaine détenue par des investisseurs étrangers a fondu ces dernières années : la Chine ne détient plus que 1 100 milliards de dollars en bons du Trésor US. Elle en détenait proportionnellement beaucoup plus dans le passé, ce qui n'était pas neutre dans l'équation complexe de la relation bilatérale.

atterrir dans la poche de travailleurs américains… et non pas chinois (ou canadiens, ou mexicains, ou européens).

LA CHINE A DEPUIS LONGTEMPS TOURNÉ LA PAGE DU CORONAVIRUS

En face, la Chine se montre beaucoup plus discrète. Le virus est en effet sorti, semble-t-il, d'un laboratoire d'une grande ville de la Chine centrale, Wuhan, agglomération de plus de dix millions d'habitants. Le Covid-19 a provoqué, au 1er août 2021, plus de 4,2 millions de décès (officiels), pour 200 millions de contaminations. Quant aux dégâts économiques provoqués par les mesures restrictives qu'il a fallu prendre pour éviter une diffusion rapide de cet agent pathogène redoutable, ils sont gigantesques. Les autorités de nombreux pays, dont la France, ont pratiqué une politique de confinement qui a fait chuter fortement la production et la consommation de biens et de services. Elles ont distribué des sommes fantastiques, créées pour l'occasion, afin d'indemniser le chômage et d'éviter des faillites en série, qui auraient conduit à l'apparition brutale d'une misère à grande échelle.

Au moment où nous bouclons ce livre, la Chine a retrouvé le niveau de production qu'elle connaissait avant la crise. Son PIB « déclaré » pour 2020 affiche un insolent + 2,3 %, quand le reste du monde affiche des croissances négatives, parfois à deux chiffres. Les prévisions de croissance pour 2021 tournent autour de… 8 %, après un premier semestre « record ».

Rappelons-ici un point technique : quand un pays voit son économie se contracter de 5 % lors de l'année N, il faut que son PIB progresse d'un peu plus de 5 %, précisément 5,3 %, en année N+1, pour retrouver le niveau de l'année N-1. Et quand la Chine affiche 2,3 % de croissance en année N, puis 8 %, en année N+1, cela signifie que son PIB a en réalité progressé de 10,48 % par rapport à N-1 (soit un peu plus que la somme des deux croissances.

Ce biais statistique méconnu est parfois utile aux hommes politiques. Dans son allocution du 12 juillet 2021, Emmanuel Macron n'a t'il pas affirmé que le « quoiqu'il en coûte auquel je m'étais engagé dès mars 2020, [...] est à l'origine d'un vigoureux rebond. Notre croissance devrait s'établir à 6 % en 2021, en tête des grandes économies européennes ». Le chef de l'État a oublié de dire que le PIB de la France s'était effondré de 8,3 % en 2020. Là aussi en tête des « grandes économies européennes » mais dans le mauvais sens. Il faudrait en réalité une croissance d'au moins 8,5 % en 2021 pour rattraper les dégâts de 2020, et afficher une croissance nulle sur deux ans.

Au final, si le chiffre de 4 % anticipé pour la France en 2022 (dans une boule de cristal, soyons clairs, tellement les incertitudes sont grandes), le PIB français aura *au final* progressé d'un peu moins de 1 % en quatre ans, de 2019 à 2022. Soit nettement, nettement moins que les États-Unis, la Chine, ou encore l'Allemagne, ou même le Royaume-Uni *brexité*.

Mais revenons à l'extraordinaire capacité de résilience de la Chine : alors que la pandémie faisait rage, ce pays parvenait à boucler un accord commercial de libre-échange avec les dix États de l'Asean (l'Association des nations de l'Asie du Sud-Est) – Indonésie, Thaïlande, Singapour, Malaisie, Philippines, Vietnam, Birmanie, Cambodge, Laos et Brunei, auxquels se sont joint le Japon (!), la Corée du Sud (!!), l'Australie (!!!) et la Nouvelle-Zélande (!!!!).

Conséquence directe : la zone Asie-Pacifique devient le plus grand marché du monde. Et en 2020, pour la première fois dans l'histoire économique, le PIB cumulé des pays de cette région dépasse… le PIB de l'ensemble des autres pays de la planète, Amérique du Nord et Europe compris. Il y a 20 ans, l'ensemble de ces pays pesait « seulement » le tiers du PIB mondial. Et comme de bien entendu, c'est la Chine qui a pris les rênes de ce chariot.

Ajoutez à cela :

- Le déficit chronique de la balance commerciale entre les États-Unis et la Chine. En 2019, la dernière année de référence car « normale » du point de vue sanitaire, 418,5 milliards de dollars de produits chinois ont débarqué dans les ports américains, contre seulement 122,7 milliards de dollars de produits américains dans les ports chinois ;
- La fanfaronnade du *Global Times*, le quotidien en anglais du Parti Communiste Chinois, qui affirme que le PIB chinois dépassera le PIB américain à la fin de la décennie.

Et l'on comprend aisément que ces deux-là sont déterminés à se tirer la bourre pendant longtemps, pour ne pas dire indéfiniment. Ou plutôt, jusqu'à ce que l'un des deux l'emporte sur l'autre. À l'aune de l'Histoire, il n'y a pas d'autre fin possible.

UN CONFLIT INÉVITABLE, INSCRIT DANS L'HISTOIRE DU MONDE

Le conflit est inévitable, car il est inscrit dans l'histoire des nations : c'est le fameux piège de Thucydide, historien et politicien athénien, qui expliquait déjà il y a 2 500 ans dans *La Guerre du Péloponèse* comment une nation montante et une nation déclinante sont condamnées à s'affronter.

Ce qui opposa Athènes à Sparte, puis, beaucoup plus tard, sans vouloir frustrer les passionnés d'histoire, la France à l'Angleterre pendant des siècles, puis la France à l'Allemagne pendant des décennies, et enfin, l'Occident au bloc de l'Est, n'est pas bien différent aujourd'hui de ce qui oppose les États-Unis (et non pas l'Occident, qui n'est plus un « bloc »), à la Chine.

Seule l'échelle a changé. Non pas en surface : les deux pays sont de taille identique (9,6 millions de km^2), à quelques milliers de kilomètres carrés près. Mais en réalité, la zone d'influence des États-Unis dépasse largement l'Amérique du Nord, grâce notamment à la puissance sans égale de l'*US Navy* : avec ses douze flottes (!), les États-Unis alignent à peu près le même tonnage de navires de guerre que l'ensemble des flottes militaires de tous les autres pays de la planète ! Et l'on ne parle pas ici du gap technologique énorme qui existe entre un antédiluvien sous-marin diesel turc, un SNLE (Sous-marin Nucléaire Lanceur d'Engins) français, et un SNLE américain.

À l'inverse, la Chine est surtout une puissance continentale. Elle mettra cependant à l'eau cette année son... troisième porte-aéronef[1], à ne pas confondre avec un porte-avions, technologie que seuls les Américains et les Français maîtrisent). Ses revendications sur la Mer de Chine paraissent finalement bien modestes, eu égard aux capacités de projection et de contrôle américaines sur toutes les mers du monde, quand la Chine peine encore pour l'instant à annexer les quelques milliers de kilomètres carrés qui la séparent de Taïwan...

1. Sachant que le premier est en fait un ancien porte-aéronef soviétique, dont la coque inachevée a été abandonnée lors de l'explosion de l'URSS, puis rachetée par la Chine, et mise en ordre de marche par la toute jeune marine chinoise.

Oui mais voilà : la Chine de 2021, c'est 1,4 milliard d'habitants, à quelques dizaines de millions près. Les États-Unis « n'alignent » quant à eux que 335 millions d'Américains. Nous ne comparons pas ici le nombre de combattants auxquels on pourrait fournir un casque et un fusil, ou à qui l'on demanderait de fabriquer des obus ou des tanks à l'arrière. Ce qu'il faut comparer, c'est d'abord le nombre de travailleurs, de consommateurs et… de camarades-citoyens.

Or, qui peut dire, dans le monde interconnecté d'aujourd'hui, ce qu'un conflit d'opinions et de communication opposant une « petite nation » de 335 millions d'âmes à une « grande nation » cinq fois plus peuplée pourrait donner dans les journaux, les JT, et sur les réseaux sociaux ? Qui de David ou de Goliath l'emporterait ?

Ceux qui feignent de penser que le conflit en est à ses tout débuts, et croient l'affrontement évitable, sont des naïfs : cela fait déjà bien longtemps que la Chine prépare son[1] coup, à savoir prendre sa revanche sur les humiliations subies aux XIXe et XXe siècle du fait des Occidentaux, et dominer au minimum l'Asie. Quant aux États-Unis, ils ont déplacé le centre de leurs préoccupations de l'Europe à cette région du monde depuis la chute de l'URSS. Mais il ne faut pas se leurrer. Quand on mesure l'ampleur du désastre afghan, après vingt années de guerre totalement inutile, dont le coût financier oscille entre 1 000 et 2 000 milliards de dollars selon les calculs[2].

1. Ce n'est pas un hasard si deux flottes de guerre (la 3e et la 7e) patrouillent toujours dans toute la zone Asie-Pacifique avec des moyens sans cesse grandissants et modernisés. Fin 2020, le secrétaire à la Marine américaine Kenneth Braithwaite a même recommandé de (re)créer la 1re flotte, qui viendrait appuyer le flanc est de la 7e…

2. Déduction faite ou non des retombées économiques qui profitent au complexe militaro-industriel et procurent du travail à des centaines de milliers d'Américains, bilan auquel s'ajoutent 2 400 morts et des dizaines de milliers de blessés, il n'y a que très peu de chances de voir des GI risquer leur peau pour Hong-Kong ou Formose demain.

LA GUERRE COMMERCIALE A COMMENCÉ DEPUIS LONGTEMPS

Il faut dire que les Chinois ont été particulièrement habiles. Pendant des décennies, la Chine a offert à l'Occident une main-d'œuvre extraordinairement bon marché, capable de travailler dans des conditions déplorables dans des usines rustiques, six ou sept jours sur sept, parfois, en 3/8, sans se soucier d'aucune norme environnementale ou sociale. Le tout en maintenant un taux de change exceptionnellement favorable aux porteurs de devises étrangères.

Rapidement, des investisseurs se sont donc battus comme des chiffonniers sur le mode du chacun pour soi, afin d'être choisis comme champions par le Parti Communiste Chinois, et d'obtenir le droit de dépenser localement leur argent, à des conditions contractuelles que pas un juriste sérieux n'aurait normalement dû accepter[1]. Qu'à cela ne tienne. Il s'agissait de bâtir des usines ultra modernes, permettant de fabriquer des produits de plus en plus élaborés, toujours à vil prix, sans s'inquiéter des transferts de technologie et de savoir-faire qui, inéluctablement, allaient accompagner le mouvement. Le simple fait que 9 ordinateurs ou smartphones sur dix utilisés dans le monde aujourd'hui aient été fabriqués en Chine en est la preuve. En réalité, l'immense majorité des produits électroniques que nous utilisons aujourd'hui, dans la sphère privée comme dans la sphère

1. Tout investisseur étranger doit accepter de créer une joint-venture, entreprise conjointe, avec un partenaire chinois, dans lequel il ne peut pas être majoritaire. Autrement dit, ils vivent en permanence avec un pistolet sur la tempe. La presse économique est remplie d'histoire de grands groupes étrangers qui ont dû faire leurs bagages du jour au lendemain, en renonçant à tous leurs investissements, participations, et savoir-faire technologiques laissés sur place.

professionnelle, est pour tout ou partie passée par la case Chine.

Les Chinois ont ainsi permis à des multinationales de réaliser des bénéfices indécents pendant des décennies en produisant à bas coût, tout en fermant à tour de bras des usines en Europe et en Amérique du Nord. Des multinationales dont les patrons chuchotaient aisément à l'oreille des politiques, les persuadant que ces emplois faiblement qualifiés qu'ils détruisaient par milliers tous les jours seraient aisément remplacés par des emplois du tertiaire à la fois plus valorisants et mieux rémunérés.

La réalité est évidemment toute autre ! La pandémie mondiale a montré à quel point le monde était dépendant de la Chine pour quasiment tout : les médicaments de base, les masques, les blouses, les gants, mais aussi des équipements hospitaliers de pointe. La crise sanitaire a servi de révélateur à une réalité dont les économistes et les hommes politiques sérieux avaient déjà pris conscience il y a des années.

Donald Trump ne s'y est d'ailleurs pas trompé, et c'est lui qui a officiellement déclenché les hostilités commerciales avec la Chine en 2018 – malheureusement déjà bien tard.

Son projet, parfaitement assumé, était au minimum de rééquilibrer la balance des échanges commerciaux entre les États-Unis et la Chine. Il faut dire que les statistiques devenaient alarmantes : en 2016, le solde commercial Chine-États-Unis était négatif de 347 milliards de dollars, puis de 375 milliards en 2017. Ce fut seulement en 2019, juste après la mise en place de droits de douanes de 25 % sur la majorité des produits chinois, que les importations refluèrent : -17,6 % en valeur cette année-là. La Chine dût promettre à Trump d'importer pour 200 milliards de dollars de produits américains en plus, en 2020 et 2021. Une promesse bien évidemment contrariée par la pandémie, et dont on n'entend plus parler aujourd'hui.

Comme nous l'avons dit plus haut, Joe Biden n'a pas l'intention de dévier de la route tracée par son prédécesseur et ancien adversaire. D'autant moins que la Chine, qui a semble-t-il évacué le problème de la pandémie lorsque cet ouvrage a été mis sous presse affiche une santé insolente, et gagne de ce fait du terrain sur ses adversaires économiques à un rythme plus rapide que prévu.

Bien évidemment, les États-Unis pourraient se contenter d'un rééquilibrage des échanges avec la Chine, laissant le reste du monde se débrouiller avec ce grand pays. Le problème, c'est que pour rééquilibrer, encore faut-il trouver des produits à vendre aux Chinois, des produits dont ils auraient impérativement besoin ! Or, pour ne prendre que ce seul exemple, les deux produits les plus exportés des États-Unis vers la Chine en 2016 étaient le soja et les avions de Boeing (quatorze milliards de dollars pour chacun de ces postes). La demande et la capacité de production pour la denrée agricole est évidemment limitée. Quant aux avions, inutile de dire qu'avec les déboires de Boeing et la crise durable du trafic aérien, il faudra un peu attendre avant de retrouver les chiffres de vente de 2016. Alors qu'en sens inverse, le flux de la Chine vers l'Amérique, lui, est difficile à tarir. En valeur, les exportations chinoises de produits électroniques pèsent à elles seules dix fois plus que les importations de soja ! Et il n'y a aucune raison que la tendance s'inverse ; en tout cas, si inversion il y a, cela ne sera probablement ni rapide ni facile.

On l'aura donc compris : la guerre commerciale entre les États-Unis et la Chine d'une part, et entre l'Europe et la Chine (non officiellement commencée) d'autre part n'en est qu'à ses débuts. Si l'Occident, qui est encore le plus gros client de la Chine, parvient à réduire sa dépendance vis-à-vis de cet Empire, à diminuer ses importations en volume et en valeur, l'usine du monde ne va pas se laisser faire sans réagir. Aux taxes imposées par Trump sur les produits chinois, Xi Jinping a évidemment réagi en augmentant les taxes sur les produits américains entrant sur le territoire chinois. Cela fit plonger les importations chinoises en 2019, dernière année de référence analysable, car hors Covid.

Fort probablement, le ton va monter. Après les pénuries de masques, de gants, de paracétamol, de composants électroniques (certes, importés en grande partie de Taiwan, mais c'est bien en Chine que se trouve la capacité à suppléer ces carences rapidement), il faut s'attendre dans les prochains mois et prochaines années à d'autres pénuries, ciblées ou non. Ciblées, c'est-à-dire qu'elles provoqueront par effet domino une crise dans un ou plusieurs secteurs économiques dans les pays clients rebelles. Soit ceux-ci parviendront à relocaliser suffisamment vite et fort la fabrication des produits sous embargo (hypothèse peu probable). Soit, ceux-ci céderont (hypothèse plus probable).

On sait déjà que pour les Allemands, dont la Chine est le premier partenaire commercial, l'idée de se bagarrer avec leur plus gros client n'est pas envisagée de gaieté de cœur. Quant à l'Union Européenne, elle brille sur ces dossiers comme sur bien d'autres par son absence ou par son manque de courage. Restent donc les États-Unis. « Nous entrons dans une nouvelle ère dangereuse où la Chine pense qu'elle pourrait remporter un conflit, tout comme les États-Unis. Avec, à la clé, des risques d'erreurs de calcul » affirme Bill Hayton dans son livre *L'Invention de la Chine*[1].

Essayons de bien poser le problème. Premièrement, les États-Unis négocient encore globalement comme des

1. Yale University Press, 2020

cow-boys dès qu'il est question de souveraineté et de gros sous, et ils ont pour habitude de ne jamais rien lâcher[1]. Deuxièmement, la Chine est engoncée dans ses frontières terrestres, alors que le destin de toute grande puissance continentale est de s'étendre. Or l'invasion du Tibet commence à dater, Hong-Kong est un amuse-bouche, Taïwan est clairement la prochaine étape, et après ? Le moment ne vient-il pas où les choses risquent de déraper ?

Comment ? C'est là que l'on retrouve notre mer de Chine, et la fameuse 7e flotte américaine. N'oublions pas que 90 % des échanges commerciaux avec la Chine se font par voie maritime. Si Pékin pousse à ce point les feux pour établir des communications terrestres avec ses clients du continent indo-européen (les fameuses routes de la Soie), c'est justement pour tenter de rééquilibrer les flux. Ce qui est tout simplement impossible, disons-le.

Sachant qu'au bas mot, 5 000 milliards de tonnes de marchandises transitent par cette région, à bord de porte-conteneurs géants, il n'est pas compliqué de comprendre ce qui peut arriver, accidentellement ou volontairement.

Début février 2021, les porte-avions américains Roosevelt et Nimitz ont patrouillé au large de Taiwan, et à plusieurs reprises, des bombardiers chinois H6 ont « éclairé » les deux navires, ou leurs destroyers d'escorte. Le commandement Pacifique de *US Navy* n'hésite pas à demander à ses navires de naviguer partout[2], sans tenir compte des

1. On doit reconnaître une vertu aux fictions américaines : elles reflètent souvent assez fidèlement les pratiques commerciales et la doctrine diplomatique des États-Unis !

2. Manœuvres dites « Fonops » pour « freedom of navigation operation », consistant à envoyer des navires de guerre dans une zone maritime dont la souveraineté est contestée, pour y garantir la liberté de navigation. En septembre 2020, l'Allemagne, la France et le Royaume-Uni ont fait parvenir une note conjointe à l'ONU, réclamant la liberté de navigation en mer de Chine. Un sous-marin nucléaire français a patrouillé et fait surface dans cette zone début 2021, et le ministère de la Défense a communiqué sur cette mission.

manœuvres d'intimidation des avions ou des navires de l'Armée Populaire (APL). Y compris au large des îlots artificiels construits par les Chinois en pleine mer entre Taïwan et le continent, Pékin revendiquant le statut de « territoire » pour ces bases fixes exigeant que les navires étrangers respectent la limite des eaux territoriales de 12 nautiques (22 kilomètres) et s'en tiennent à distance. S'agissant d'un rayon, cela signifie en réalité que la Chine entend prendre le contrôle du détroit de Formose[1] en en annexant presque la moitié.

Sachant que Pékin rappelle régulièrement que la Chine ne comptait pas renoncer à « réunifier » Formose (Taïwan) au pays, et que le sort de Hong-Kong est aujourd'hui très éloigné des promesses faites lors de la rétrocession de 1997, il n'y a aucun espoir d'assouplissement de la position chinoise.

En conséquence de quoi, sur place, on se prépare au conflit : les Philippines, en première ligne face à la Chine, ont fait savoir par voie diplomatique qu'elles craignaient d'être envahies en premier et occupées en cas de conflit, mais refusent dans le même temps de participer à des manœuvres militaires conjointes avec les Américains. La Malaisie tente également de se faire oublier. Le Vietnam réclame mollement la restitution d'îlots en mer de Chine méridionale, conquis par l'APL en 1974.

Le lecteur notera qu'au milieu de tout cela, nous n'avons pas parlé un seul instant d'idéologie. La Chine est le dernier (grand) pays communiste au monde. Les États-Unis incarnent très exactement l'inverse.

Mais il faut bien l'admettre, c'est le seul point commun avec la guerre froide et l'ancien affrontement Est-Ouest.

1. Qui sépare la Chine continentale de l'île de Taïwan.

Les Américains ne regardaient pas Dallas ou Reagan sur des téléviseurs russes, et les Russes ne mangeaient pas du soja américain. Moscou ne détenait pas dans ses coffres des milliers de milliards de bons du Trésor.

Avant d'imploser, l'URSS comptait 40 millions d'habitants de plus que les États-Unis. Avec leurs alliés, les blocs se valaient même si, militairement, le Pacte de Varsovie semblait surclasser, du moins sur le papier, les forces de l'Otan. Fort heureusement, nous avons échappé à l'étape de la vérification *in vivo*.

Sans trop prendre de risques, nous pouvons écrire ici que le sort des Chinois et du respect des droits de l'Homme en Chine ne préoccupe en réalité que fort peu Joe Biden. Les Ouïghours ne sont qu'un petit caillou dans la chaussure de Xi Jinping. Ils rejoindront les grains de sable – ou de poussière ? – tibétains. D'autant qu'il est difficile de faire la guerre aux chinois avec Facebook et YouTube, puisque le réseau social (américain) de référence et la plateforme de partages de vidéos (américaine) de référence y sont interdits...

C'est donc un conflit majeur qui a d'ores et déjà commencé entre les deux seules vraies superpuissances mondiales. Un conflit économique, qui s'accompagne déjà de mouvements de troupes, bordés de bras de fer politico-diplomatiques quasi-quotidiens. Au moins, du temps de Trump, il était facile de suivre les épisodes, grâce à ses tweets. Avec Biden, il faudra être capable de repérer les signaux faibles, pour anticiper ou reconnaître le point de rupture. Pas pour agir : (à cette échelle, la France ne fait pas le poids, et l'Europe n'existe pas). Mais pour sauver ce qui pourra l'être.

La seule bonne nouvelle peut-être, c'est que si conflit il y a, contrairement à ce qui s'est passé en France au Moyen-Âge, entre 1789 et 1815, en 1870-71, en 1914-1918 et en 1939-1945, nous ne serons pas sur le chemin des chars et des bombardiers.

La mauvaise nouvelle, c'est que l'Asie pèse pour 60 % de la population mondiale, et qu'un embrasement de cette région du monde n'épargnera pas le reste de l'humanité. Sans compter que la Russie ne restera sûrement pas neutre, dans cette histoire...

Mais encore une fois, *bis repetita placent*, il est plus que probable que l'Amérique n'enverra pas ses petits gars du Kentucky, du Tennessee ou du Texas (et encore moins ceux de Californie) mourir à Taïwan, ni non plus sa gracieuse Majesté ses SAS pour tenter de reprendre Hong-Kong. Si conflit il doit y avoir demain dans la région, il sera probablement d'une nature totalement nouvelle, entre deux super puissances technologiques. On peut imaginer par exemple que les états-majors ennemis chercheront à remporter une victoire aux points et non par KO, en comptant le nombre d'avions de chasse ou de drones abattus tous les jours, jusqu'à ce que l'un des deux n'en ait plus du tout à faire décoller. Forçant les deux parties à revenir à la table des négociations pour convenir d'un compromis.

Par ailleurs, l'armée de la République de Chine (Taïwan) est une armée de métier de 300 000 hommes assez bien équipée (pas que de matériel américain, Taïwan fabrique aussi ses propres armes en consacrant 16 % de son budget à la Défense, un niveau totalement inédit !), renforcée par près de quatre millions de réservistes. Rien à voir avec les unités fantômes de l'armée afghane. Le plus optimiste des scénarios serait qu'un conflit dans la région se résume, au final, à un affrontement sino-chinois...

7

GILETS JAUNES ET « FRANCE PÉRIPHÉRIQUE » : COMBIEN D'INUTILES ?

Séverine, boulangère dans une station de sport d'hiver des Alpes du Sud, se versait 1 600 euros de salaire par mois toute l'année avant la crise. Quand elle vendait 1 000 baguettes par jour, elle peine à en vendre 70 aujourd'hui. Depuis des mois, elle travaille du matin au soir sept jours sur sept, afin d'essayer de payer ses 3 500 euros de charges fixes.

Ses trois vendeuses sont au chômage partiel, mais elle, bien entendu, n'a droit à rien. Lors du passage des équipes de « 7 à 8 », l'émission de reportage du dimanche de TF1, elle a dit avoir choisi de payer l'électricité de son four, plutôt que son loyer. Sa propriétaire, qu'elle a appelée, n'était pas contente.

Séverine fait sa caisse devant les caméras : elle compte 248 euros à la fin de la journée, au lieu des 2 000 habituels. On la voit poser un vieux matelas par terre, entre les sacs de farine et un réfrigérateur. Elle dort dans l'arrière-boutique de sa boulangerie depuis des mois, pour économiser un loyer.

Un peu plus tard, toujours dans ce même reportage de TF1 baptisé « les ruinés du Covid »,[1] *Marc, extra depuis*

1. « 7 à 8 », TF1, dimanche 28 février 2021

des années dans les grands hôtels de la Côte d'Azur, vit du RSA (555 euros par mois), et, comme il est criblé de dettes, se nourrit en allant chercher à manger dans les banques alimentaires. Son fils de 20 ans, mécanicien à 1200 euros par mois, lui apporte deux fois par semaine un petit plein de courses. Les employeurs de Marc lui ont dit qu'ils craignaient que les congrès, qui constituent une grosse part de l'activité des grands hôtels de bord de mer sur la Croisette et ailleurs, ne reprennent pas avant des mois.

Quant à Delphine, qui a monté une salle de sport à Orléans, elle touche certes, chaque mois, 10 000 euros d'aides de l'État. Mais cela ne lui permet pas de faire face à toutes ses charges, et elle ne se paye plus depuis le début de la crise, en mars 2020. Elle a négocié avec ses fournisseurs des reports de paiements pour le matériel immobilisé dans sa salle, acheté en leasing : le cumul de ses reports dépasse déjà 100 000 euros [à la date du reportage, en février 2021, NDLR]. *Bien évidemment, pour monter sa salle de sport, elle a mis sa maison en garantie. Si son entreprise coule, elle la perdra aussi ; elle et ses deux enfants se retrouveront alors à la rue, sans rien... puisqu'en tant que chef d'entreprise, elle n'a évidemment pas droit aux allocations chômage ! En attendant, elle a retiré ses enfants de la cantine, car elle ne savait pas comment payer les factures. Il lui reste encore 50 euros d'arriérés.*

Les téléspectateurs découvrent le fils aîné de Delphine, Tom, âgé de treize ans, en larmes devant la caméra. Il aimerait pouvoir aider sa maman, qu'il voit se débattre avec les dettes, mais se sent impuissant.

Avec la crise économique provoquée par la crise du Covid, au minimum un million de personnes auraient basculé sous le seuil de pauvreté. À cela s'ajoutent tous ceux qui ont mangé leurs économies, parfois, mangé leur patrimoine. Tel chef d'entreprise de formation dont le chiffre d'affaires mensuel est passé brutalement d'un million d'euros à quelques milliers (en faisant du « online »), a vendu les murs de ses écoles fermées pour raison sanitaire à une foncière, à laquelle il devra verser un loyer s'il survit à des mois de fermeture administrative. Comme beaucoup, il attend des aides qui n'arrivent pas ou au compte-gouttes, quand ses créanciers, eux, réclament d'être payés à la fin du mois.

D'autres, indépendants mal ou pas du tout indemnisés pour plein de raisons qui ont finalement peu d'importance, ont vendu leur voiture, leur téléviseur, leur console ou celle des gamins, leurs vêtements de marque, tout ce qui pouvait avoir un semblant de valeur. *Parfois* pour gratter seulement cinq ou dix euros et pouvoir aller faire des courses et tenir un jour de plus.

On ne compte plus les jeunes, parfois trentenaires, qui ont dû retourner chez papa-maman, car ils ne s'en sortaient plus.

Voilà la dure réalité de la crise économique, malgré le désormais fameux « quoi qu'il en coûte » qui devait ne laisser personne sur le carreau. Il ne fait aucun doute que certains ont eu la chance de se trouver placés dans les bonnes cases, et ont bénéficié d'aides qui leur ont permis d'attendre que l'orage passe. Mais beaucoup d'autres n'ont pas ou ont mal été pris en charge ; ils payent et payeront cher, et pendant longtemps, les conséquences de cette crise.

ON NE TRAVAILLE PAS ASSEZ EN FRANCE

Le docteur Laurent Alexandre, co-fondateur de Doctissimo, très actif politiquement et médiatiquement depuis quelques années, expliquait déjà avant la crise du Covid dans ses conférences et ses écrits que les « sachants » de la Silicon Valley, qui rêvent de transhumanisme, « prendront un jour les armes » contre les

« inutiles ». La question qu'il pose lors de ses allocutions est simple : « quand décideront-ils d'appuyer sur la gâchette ? » Bien évidemment, cette gâchette n'est pas celle d'une arme à feu : il existe d'autres moyens, à la fois plus simples, plus systématiques et moins sanglants, pour éviter que les indésirables viennent perturber le mode de vie « tellement plus évolué » des nouvelles élites. Autoproclamées, cela va sans dire, mais qui disposent d'un pouvoir inégalé dans l'histoire de l'humanité. Certains multimilliardaires sont en effet aussi puissants que des États souverains. Et globalement intouchables[1].

Le mouvement des Gilets jaunes a été provoqué, pour une bonne part, par le mépris des bobos urbains, qui forment l'essentiel des bataillons des conseillers ministériels, pour les Français de la France périphérique qui carburent au diesel comme on leur a dit de le faire depuis les années 80. Pour ceux qui estiment constituer l'élite, les ploucs qui ne vivent pas comme eux sont des attardés ; ils devraient s'estimer heureux de bénéficier de la chance qui leur est accordée de pouvoir se convertir à la modernité, et d'entrer ainsi dans la noosphère.

À L'ORIGINE DES GILETS JAUNES : LA PERTE DU SENS DES RÉALITÉS D'UNE PARTIE DE NOS « ÉLITES »

Une partie trop importante de nos élites ne comprend en réalité pas le monde dans lequel elles évoluent. Enfermées dans un cocon intellectuel et relationnel, elles sont

1. Sauf les milliardaires chinois, dont les têtes qui dépassent sont systématiquement coupées par le Parti Communiste, fort de ses 70 ans d'expérience en matière de contrôle de sa population.

incapables de concevoir comment vit un agriculteur, un épicier, un artisan, un postier ou un instituteur. La ruralité est un mystère intégral pour la majeure partie de nos dirigeants qui n'enfilent des bottes pour marcher dans la boue que le temps d'une photo et d'une tape sur la joue d'une vache ou... de *son* éleveur. Ils n'ont aucune idée des difficultés du quotidien qu'affrontent les « Français moyens ». Et comme ils ne remplissent pas un papier ou un formulaire web par eux-mêmes, ayant des gens pour le faire à leur place, ils n'ont évidemment aucune idée des conséquences de leurs décisions. Celles-ci transforment les relations avec l'administration en bras de fer ; les courriers comminatoires que les « services publics » envoient automatiquement aux citoyens constituent un harcèlement permanent. La phobie administrative qui résulte de cette maltraitance numérique s'exprime de diverses manières, dont les manifestations de « Gilets jaunes ».

C'est la bêtise d'une grande partie de l'élite administrative, l'ignorance des réalités et le mépris dont font preuve de nombreux membres de cette nouvelle noblesse de robe, bien plus que l'augmentation des taxes sur le carburant, qui ont provoqué le mouvement des Gilets jaunes. Tel est le grand handicap de beaucoup de ceux qui se considèrent comme appartenant aux élites : ils n'ont pas assez de sens commun pour être proches du peuple, ni assez d'intelligence pour le gouverner efficacement.

Pour une bonne part, ces soi-disant élites sont composées de personnes dont l'intelligence est somme toute modeste, mais qui ont eu la chance d'habiter dans une grande ville, d'aller dans un bon lycée, et de pouvoir faire les études supérieures qui procurent de bonnes situations dans l'administration. En réalité, les savoirs concrets de ces personnes à qui sont confiées, assez souvent, d'importantes responsabilités, sont modestes, quand on les compare à ceux des agriculteurs, artisans, ouvriers, techniciens, commerçants, postiers et autres habitants de nos zones rurales que la colère provoquée par des décisions maladroites a conduit à protester revêtus de gilets jaunes. Nos « élites », preuve parmi d'autres de leur ignorance ou de leur incompétence, ont notamment été incapables d'empêcher le parasitage des manifestations de Gilets jaunes par des voyous, casseurs et voleurs opportunément cagoulés et insaisissables. Des criminologues et spécialistes des questions de sécurité se demandent d'ailleurs si cela n'a pas été fait exprès, justement pour discréditer les Gilets jaunes, alors que l'opinion leur était très largement favorable : un signe qui ne trompe pas, preuve supplémentaire de la déconnexion des élites d'avec le peuple.

Nos « élites » auto-proclamées se sont-elles réjouies en catimini de cet ensauvagement qui a dépossédé les Gilets jaunes de leur mouvement de protestation contre la bêtise bureaucratique ? C'est possible, car cette sauvagerie leur a permis de ne pas tenir compte de la protestation, en grande partie justifiée, d'une population laborieuse confrontée à un monde qui change brutalement et les laisse sur le bord de la route, fermant les usines à tour de bras pour délocaliser à l'étranger, ubérisant[1] sans état d'âme tout ce qui peut

1. Rappelons que l'entreprise Uber a initié le service consistant à mettre en relation télématique les chauffeurs de taxi, ou l'équivalent, avec les personnes à la recherche d'un véhicule pour les transporter. En principe, il s'agit d'un bon usage de la télématique mais les indépendants qui travaillent pour ces nouveaux acteurs sont soumis à de forts risques psychosociaux liés à l'intensification du travail, à la faible autonomie, à l'insécurité des situations de travail ou encore la désocialisation. Autrement dit, il s'agit souvent d'un usage déshumanisant de la télématique. L'informatisation de la « paperasse administrative » produit des effets analogues.

l'être. Un responsable du syndicat UNSA-Police n'a-t-il pas déclaré à propos des « casseurs » : « on était en mesure d'intervenir, on ne nous a pas autorisé à le faire ? » Pourquoi donc, si ce n'est parce que la chienlit arrangeait une classe politique incapable de répondre aux demandes légitimes de la partie de la population que représentaient les Gilets jaunes ?

Ainsi est traitée la « France périphérique », celle qui subit les conséquences de la méconnaissance des problèmes par les hommes politiques chargés pourtant de les anticiper, et tout au moins de les résoudre. L'affaire des Gilets jaunes est typique du parisianisme de nos gouvernants, assez doués pour arriver au pouvoir, mais beaucoup moins pour l'exercer au profit de leurs « administrés ».

LA LÈPRE CONCENTRATIONNAIRE

La gestion chaotique du délicat problème posé par la désertification d'une partie du territoire au profit de pôles urbains surdimensionnés n'est pas un problème spécifiquement français. Le Tiers-monde en souffre beaucoup, tout comme les pays les plus développés. En Afrique et en Asie d'énormes agglomérations se sont formées, quasiment ingérables. La ville de Guangzhou, en Chine, avec ses 49 millions d'habitants, autant que l'Espagne tout entière, plus peuplée, à elle seule, que bien des pays, fonctionne grâce à la discipline de fer imposée par le régime communiste. Tous les déviants sont systématiquement brimés, puis sanctionnés, et en dernier ressort, éliminés. Ra-di-cal. Tokyo, Mexico, Bombay, Séoul, Le Caire, Lagos, ou encore, tout près de chez nous, le grand Londres, dépassent largement l'agglomération parisienne. La concentration de la population dans de grandes métropoles n'est donc pas une spécificité française. Mais elle n'est pas pour autant une excellente chose ! Surtout quand elle conduit à mal gérer ce qui est provincial, parce que l'esprit « capitale » tient les provinciaux pour des « bouseux » peu évolués.

Ceux que les apparatchiks qui nous gouvernent considèrent avec mépris – un président de la République n'a-t-il pas parlé des « sans dents » pour les désigner ? –, constituent pourtant une bonne partie de la force vive de notre pays. Un artisan, un agriculteur, un petit commerçant, au fin fond de l'Ariège ou de la Saône-et-Loire, est capable de comprendre le théorème de Sauvy : « pas d'enfants, pas de retraite ». Alors que – pas seulement en France, mais hélas presque partout – le personnel politique continue, sourd et aveugle, à considérer comme logique d'accorder des droits à pension au prorata de ce qui a été versé pour entretenir nos aînés. Comme si ceux-ci allaient sortir de leurs tombes et se remettre à travailler pour entretenir leurs enfants devenus retraités !

Quand nos dirigeants comprendront, ce qui est simple, élémentaire, que la prise en charge des « aînés » d'aujourd'hui ne prépare en rien la retraite des actifs actuels, alors peut-être auront-ils recouvré suffisamment de bon sens pour comprendre les problèmes des ruraux et semi-ruraux, soumis à des décisions trop souvent prises par des énarques et des hauts fonctionnaires qui ont oublié que deux et deux font quatre, ne savent pas combien coûtent 40 vaches à soigner et nourrir, quelle attention elles réclament, combien coûte un hectolitre de lait à produire, et à quelle saison on plante le blé. Et pensent savoir mieux que les céréaliers comment le faire pousser et atteindre les rendements exigés par l'agriculture intensive[1], le tout sans glyphosate.

Les Gilets jaunes étaient dangereux pour l'*establishment*, non parce qu'il y avait parmi eux une certaine proportion d'excités, mais parce que trop d'entre eux avaient tout simplement du bon sens. Quand les dirigeants sont enfermés dans un univers virtuel sans grand rapport avec la réalité, le bon sens est leur pire ennemi. Des hommes et des femmes qui ne veulent pas « un pognon de dingue » distribué par l'État, mais la possibilité de travailler efficacement pour vivre correctement sans devoir rien à personne, il faut les rééduquer, leur apprendre, au besoin à coups de matraques et de flash-balls, à obéir et quémander !

Certes il y avait, parmi les « Gilets jaunes », des grincheux systématiques et quémandeurs, mais certainement moins que de tire-au-flanc dans les rangs d'une administration que l'énarchie sait bien mal diriger.

CHÔMAGE : COMMENT LES STATISTIQUES MASQUENT LA RÉALITÉ

À l'inverse du capitaine du Titanic et de son équipage qui ne disposaient évidemment, en 1912, d'aucun radar (cet instrument fut inventé en 1935), et naviguaient à vue, avec de simples jumelles, le commandant Macron, son second Castex, le lieutenant Borne et le quartier-maître Lemaire disposent à bord du « France » d'une nuée de capteurs à faire pâlir Neil Armstrong, qui posa son LEM au jugé sur la Lune. Le problème, c'est que l'adage bien

1. Et les 7,8 milliards d'habitants de la planète, voire notre chapitre sur la faim dans le monde.

connu « trop d'infos tue l'info » ne souffre guère d'exception. Si bien que les capitaines Macron et Castex, au moment où nous écrivons, ne voient guère plus loin que le bout de leur navire, alors qu'ils ont quasiment sous leur nez, après le passage de l'ouragan Coronavirus, l'iceberg chômage, l'un des plus gros jamais croisé par notre pays dans toute son histoire moderne.

La raison de cet aveuglement est simple à comprendre, et c'est la ministre du Travail Elisabeth Borne qui nous l'a donnée fin novembre 2020. « Embauchez les saisonniers, l'État les prendra en charge », lançait-elle aux patrons de stations de sport d'hiver, qui espéraient encore à l'époque pouvoir ouvrir à Noël. Oubliant au passage que la promesse d'un reste à charge zéro était complètement fumeuse et mensongère. Une preuve de plus que la plupart des hauts-fonctionnaires ne connaissent rien au fonctionnement des entreprises, et au droit du travail qui les régit ! En réalité, la compensation financière n'est jamais totale, elle atteint au mieux 85 % des coûts... Dans les faits, trois millions de salariés, sur un total d'environ 26 millions d'actifs dans le secteur privé, ont été placés au chômage partiel pendant plusieurs mois parfois du fait de la pandémie. Ce que les chiffres officiels du chômage se sont bien gardés de montrer.

LE TAUX DE CHÔMAGE FRANÇAIS EST SOUS-ESTIMÉ PAR LES CHIFFRES OFFICIELS

Ainsi, toujours officiellement, il y a 3,8 millions de chômeurs en France dans la catégorie « phare » A, celle qui est utilisée pour comparer les pays entre eux. En ajoutant les personnes en situation de sous-emploi (chômage partiel) ou en formation (faute de mieux), on atteint quasiment le double : sept millions de personnes au chômage ou en sous-emploi, en France, pour 26 millions de salariés du secteur privé et 5,7 millions de fonctionnaires et assimilés. Il faut ajouter à cela 3,2 millions de travailleurs indépendants, chiffre en importante progression (on en comptait 2,6 millions en 2008. La proportion de chômeurs par rapport à la population active ou à la recherche d'un emploi est donc 10,9 %, et celle de personnes en chômage ou en sous-emploi, 20 %.

Ces chiffres sont en fait passablement optimistes, car ils ne tiennent pas compte des millions d'hommes et surtout de femmes âgées de 18 à 60 ans, qui, théoriquement, pourraient faire partie de la population active, mais qui ont depuis longtemps renoncé à l'idée de chercher un emploi, et sont sortis des statistiques ou n'y sont même jamais entrés administrativement. Cela va de la mère de famille aux jeunes qui « tiennent le mur », comme on dit familièrement, c'est-à-dire ont renoncé à chercher un travail depuis qu'ils ont quitté le collège ou le lycée, voire l'enseignement supérieur, et sont installés durablement dans l'économie informelle et souterraine.

ON FABRIQUE DES MILLIONS D'INUTILES, SANS RÉAGIR

Au vu de ces chiffres, on peut se demander, sans aucun cynisme, à quoi servent les différents indicateurs en principe ultra sophistiqués dont disposent notre Président et ses ministres ? Ils ne semblent pas leur permettre de distinguer clairement les différents récifs sur lesquels le paquebot France, en voie de se transformer en Titanic, pourrait s'échouer. On en vient même à se demander si ces indicateurs qui devraient être des sortes de radars ne dressent pas plutôt un rideau de fumée, masquant la réalité dramatique aux passagers du navire et à ses officiers, que cela arrange bien de faire semblant d'ignorer l'ampleur du problème. Lorsque les Gilets jaunes ont essayé de se faire entendre par un gouvernement et une présidence qui se bouchaient les oreilles et fermaient les yeux, c'est bien ce qui s'est produit. La question est : d'où vient cet aveuglement ?

Le système statistique français, dans le domaine de l'emploi – et quelques autres, d'ailleurs – n'aurait-il pas besoin d'un sérieux *aggiornamento* pour rendre tous les services que l'on attend de lui ? Ne faudrait-il pas qu'il s'améliore de manière à être capable de désigner ce qui constitue les causes de la stagnation française, et donc du recul relatif de notre pays ? Comment ne pas voir une défaillance dans le fait que la grogne des Gilets jaunes n'a pas été anticipée avant qu'elle ne se manifeste sur les Champs-Élysées, ni analysée rapidement de façon à ce que nos responsables puissent comprendre puis agir intelligemment ?

LES DÉFICITS PUBLICS ONT TOUJOURS LA MÊME CAUSE

Si les déficits publics ne cessent de se creuser depuis bientôt cinquante ans, si la *Sécu*, notre système de retraite, et tout ce qui concerne le « social », sont perpétuellement dans le rouge, c'est parce que le taux d'activité effective, en France, ressemble plus à celui de la Turquie, du Maroc ou de la Tunisie, qu'à celui de l'Allemagne ou de la Suède. La retraite très précoce est l'une des particularités françaises les plus importantes ; cette particularité débouche sur un taux d'emploi insuffisant pour obtenir à la fois une bonne protection sociale et des rémunérations nettes de cotisations sociales reflétant convenablement la productivité du travailleur français.

Voici les données relatives à l'âge de la retraite pour quelques pays d'un niveau de développement comparable :

> Allemagne, 65 ans et 8 mois, relèvement programmé pour atteindre 67 ans en 2029.
> Belgique, 65 ans, relèvement programmé à 66 ans en 2025 et 67 ans en 2030.
> Danemark, 66 ans, relèvement programmé pour atteindre 68 ans en 2030.
> Irlande, 66 ans, relèvement à 67 ans en 2021 et 68 ans en 2028.
> Royaume-Uni, 66 ans.
> USA, 65 ans.

La France, elle, a péniblement réussi à remonter l'âge « normal » de la retraite de 60 à 62 ans, mais les formules de départ anticipé abondent...

Comment peut-on espérer avoir une population active (au sens large : en emploi ou en réelle recherche d'emploi) suffisante dans un pays comme la France où la démagogique réforme dite « retraite à 60 ans » de 1981 n'a été corrigée que très tardivement et très partiellement ? L'avantage que devrait procurer à la France une natalité qui, il y a vingt ans, était encore relativement correcte, cet avantage a été sacrifié par des gouvernants plus désireux de complaire à des syndicats faibles et peu soucieux du sort à long terme du pays que d'agir rationnellement pour le bien commun. Environ trois millions de retraités, en France, sont en réalité, du point de vue économique, des chômeurs indemnisés par les caisses de retraite pour « débarrasser » le marché du travail, cela parce que nos dirigeants ne sont pas capables de créer un environnement favorable à la création d'emplois, contrairement à ce que savent si bien faire les Allemands, les Anglais ou bien entendu, les Américains.

UNE REDISTRIBUTION EXCESSIVE, NON FINANCÉE

Les millions de chômeurs, officiels mais aussi officieux, ne produisent pas les biens et des services dont la France a besoin ; par la force des choses ils pèsent sur le système redistributif.

Retenez qu'en France 36 % des revenus des ménages viennent de la redistribution. Vous avez bien lu : en moyenne, plus d'un tiers des revenus des Français leurs proviennent d'une allocation, d'une prime, ou encore, bien sûr, d'une pension. Ne cherchez pas : notre pays est champion du monde en la matière. Comme il s'agit d'une moyenne, cela veut donc dire que certains français sont exploités : on leur prend sans qu'ils reçoivent quoi que ce soit en retour, c'est de la solidarité à sens unique. Dans le même temps d'autres, très nombreux vu l'ampleur des déficits, vivent principalement et parfois uniquement de l'argent qui leur est redistribué, lequel vient pour une proportion importante de la création monétaire finançant les déficits publics. Cela fait certes l'affaire de quelques tire-au-flanc, mais davantage de Français préféreraient vivre de leur travail, sans rien devoir à l'État-Providence. Le sous-emploi donne à de très nombreuses personnes, qui aimeraient pouvoir « gagner leur vie », le sentiment d'être inutiles.

Certains ont d'ailleurs théorisé cette montée de l'inutilité comme le docteur Laurent Alexandre que nous citions en début de ce chapitre[1]. Il explique que nous sommes en train de fabriquer des millions de Gilets jaunes, « que nous aurons sur le dos pour 100 ans » (sic). Le phénomène « Gilets jaunes » a effectivement pour origine – sans doute pas unique – la désespérance de personnes qui voudraient vivre de leur travail, mais qui y parviennent de moins en moins, parce que l'économie et la société ont évolué d'une façon baroque, privilégiant la bureaucratie et l'assistance pour les occidentaux incités à consommer ce qui est produit non pas par eux, contre un salaire décent, mais ce qui est produit dans le Tiers-monde, pour des salaires de misère. Tout cela ne peut que donner envie de quitter ce navire piloté par des sots ou des fous, et de sauter à bord d'une chaloupe de sauvetage afin de rejoindre Robinson Crusoé. En pressant Vendredi de monter dans la barque, avant qu'il ne lui vienne à l'idée d'adhérer à *Black Lives Matter* et de semer la zizanie.

LYCÉE PROFESSIONNELS, UNIVERSITÉS : LES FABRIQUES À INUTILES

Pour la main-d'œuvre, l'adéquation entre l'offre et la demande a rarement été aussi compliquée à assurer dans l'histoire de l'humanité qu'elle ne l'est actuellement.

En 1920, en France, la moitié des emplois étaient agricoles. Au sein de l'autre moitié des actifs, on comptait un tiers de fonctionnaires et de militaires. L'Éducation nationale était déjà le premier employeur public, de très

1. Voir https://www.cielterrefc.fr/des-dieux-et-des-inutiles-conference-de-laurent-alexandre-a-polytechnique

loin. Les autres étaient artisans, commerçants, domestiques, ou travaillaient à l'usine.

Aujourd'hui, il existe des centaines de métiers différents, dont certains sont en train de disparaître, et d'autres viennent tout juste d'être créés. Bien d'autres n'existent pas encore, mais leur besoin commence déjà à se faire sentir. Nombre d'experts du monde du travail affirment qu'une bonne moitié des emplois de 2030 n'existent pas encore. Bien entendu, il est possible que ce chiffre, estimé au doigt mouillé, soit exagéré, sachant que bien des métiers évoluent notamment grâce à la technologie, sans pour autant complètement changer et rompre avec le passé, Mais il y a aussi forcément une part de vérité, et il est certain que le système scolaire et universitaire a du mal à suivre.

Pôle emploi a certes raison d'écrire que « l'intelligence artificielle, la robotique ou la réalité virtuelle transforment les métiers existants et en créent de nouveaux », mais cette concentration exclusive sur le « numérique », oubliant les avancées et transformations dans des multitudes de domaines, depuis les sciences du vivant jusqu'à l'astrophysique, donne surtout un exemple intéressant de mode intellectuelle... maladie dont nous devons nous débarrasser si nous voulons efficacement construire un avenir meilleur. En fait, les connaissances vont continuer à se développer de plus en plus rapidement, dans tous les domaines : c'est la raison pour laquelle la qualité de l'enseignement a une importance extrême.

Bornons-nous à indiquer que la formation des jeunes doit aller dans le sens de l'adaptabilité, de l'ouverture aux nouveautés, mais aussi dans le sens d'une résistance aux modes passagères, aux enthousiasmes convenus, à tout ce bling-bling qui caractérise hélas une partie importante de l'action publique. Nos enfants ont le plus grand besoin de « fondamentaux » intellectuels et moraux ; ils ont besoin d'une formation qui, en étudiant l'éphémère, donne accès à ce qui est permanent – l'intelligence, l'esprit d'analyse combiné à l'esprit de synthèse, l'inventivité.

C'est en allant dans ce sens, en résistant aux modes passagères, en s'ouvrant, avec l'aide de leurs instituteurs et professeurs, au formidable domaine des connaissances et des savoir-faire, que nos jeunes deviendront aptes à construire le monde de demain. Ce sont les fondamentaux qui permettront aux écoliers, lycéens et étudiants d'aujourd'hui d'être à l'aise, dans un quart de siècle, avec des outils, des connaissances, des manières de faire bien différentes de ceux et celles qui prévalent aujourd'hui. C'est une solide formation de base, n'ayant pas cédé aux modes soi-disant modernistes, qui permettra aux enfants d'aujourd'hui de s'adapter aux changements nombreux et importants qui surviendront tout au long de leur existence. Belle responsabilité pour les enseignants, mais aussi pour les parents, premiers éducateurs de leurs enfants.

À l'inverse, si nous ne prenons pas immédiatement ce chemin, alors, le système scolaire français dans son ensemble continuera à déverser dans l'économie entre 100 000 et 200 000 inutiles. Tous les ans !

S'il fallait encore une preuve au lecteur pour comprendre ce que nous écrivons ici, il suffit de regarder les statistiques des « créations d'entreprise » pendant la crise. Des dizaines d'articles, mais aussi de commentaires d'hommes et de femmes politiques, ont applaudi la capacité de résilience des Français qui ont créé par centaines de milliers des « sociétés » en 2020. Très exactement 848 200, soit 30 000 de plus que l'année d'avant. La réalité est moins glorieuse. La plupart de ces nouvelles « sociétés » sont en fait des micro-entreprises, le nouveau nom donné aux auto-entreprises des auto-entrepreneurs, qui sont en fait des indépendants dont les démarches administratives et fiscales sont ultra-simplifiées.

Et quel est le secteur d'activité qui remporte la palme de la création d'entreprise en 2020 ? Celui du « transport et entreposage », autrement dit, celui de la livraison à domicile. Cette catégorie a fait un bond de 37 %. Plus de 100 000 personnes se sont lancées dans cet activité au début de la crise, celle-là même qui a donné naissance au concept d'ubérisation[1] de la société, avec tous les maux associés qu'on lui connaît : précarité de l'emploi, faible rémunération et faibles cotisations, rentabilité médiocre, quand elle n'est pas négative, comme celle des chauffeurs de la société Uber, obligés de travailler 70 heures par semaine ou plus pour payer le loyer élevé de leur voiture « louée » en leasing, et dégager à la marge quelques poignées d'euros pour survivre.

La réalité, c'est que « les gens qui ne sont rien[2] », comme les appelle Emmanuel Macron, n'ont eu d'autre choix pendant la crise que de vendre leur force de travail à UberEats, Deliveroo et consorts. Des gens « qui ne sont rien » auxquels le baryton Sébastien Soules, chanteur d'opéra pendant 20 ans à l'opéra de Vienne, a fait bien malgré lui concurrence, obligé de rentrer vivre à Blois dans la ville de son adolescence pour gagner trois francs six sous comme livreur à vélo, faute d'avoir droit à une quelconque aide financière en Autriche.

En résumé, le signal émis par les Gilets jaunes en 2018 et 2019 doit nous alerter sur le fossé profond qui s'est

1. De Uber, société américaine à l'origine du concept d'intermédiation entre le client et l'offreur de service, historiquement de transport, et désormais, de livraison.

2. Déclaration d'Emmanuel Macron, tout jeune président de la République, à la Halle Freyssinet le 1er juillet 2017 : « Une gare, c'est un lieu où on croise des gens qui réussissent et des gens qui ne sont rien. »

creusé entre une France urbaine, celles des élites digitalisées et tournées vers la mondialisation, et celle d'une France périphérique dans laquelle les usines ferment à tour de bras depuis des décennies, sans que de nouvelles activités ne prennent (suffisamment) le relais pour donner du travail à tout le monde. À cela s'ajoute la dramatique incapacité de notre système scolaire et universitaire à délivrer des enseignements et des diplômes en adéquation avec les besoins de l'économie d'aujourd'hui. Si nous ne cessons pas immédiatement de fabriquer de jeunes « inutiles », et de transformer d'anciens ouvriers et autres salariés, en vieux « inutiles », alors, oui, l'Apocalypse sera bientôt au rendez-vous.

8

LE MONDE ORANGE MÉCANIQUE[1]

La criminalité, la délinquance, l'insécurité, le fonctionnement très imparfait du système policier, judiciaire et carcéral français, occupent la première place des préoccupations des Français avec le problème de l'emploi. Ce ressenti n'est guère étonnant au vu des statistiques : lors d'une enquête fouillée de l'INSEE publiée en 2020[2], le nombre de ménages ayant été victimes d'une atteinte aux biens (résidences ou véhicules) ressort à 3,8 millions. Sachant que le nombre de ménages français s'élève à 29 millions, cela signifie qu'en un an, ce type de préjudice a concerné 13 % des ménages : ce n'est pas un phénomène marginal !

Au cœur de l'été 2021, le Figaro en remettait une couche en publiant en exclusivité[3] le bilan de la délinquance pour les six premiers mois de l'année : avec 350 000 agressions constatées en six mois, contre 300 000 à la même époque l'an dernier (marquée, certes, par un confinement strict) et 320 000 en 2019, il est plus que noir, puisqu'il montre

1. *La France Orange Mécanique*, par Laurent Obertone (Ring), paru une première fois en 2013, réédité et augmenté à plusieurs reprises depuis.

2. Enquête portant sur les chiffres de 2018, le temps pour l'INSEE de traiter les statistiques... https://www.insee.fr/fr/statistiques/4277740?sommaire=4318291

3. https://www.lefigaro.fr/actualite-france/hausse-spectaculaire-des-violences-en-france-20210728

une « hausse spectaculaire des violences en France ». C'est le titre de l'article.

Si l'on s'en tient aux chiffres traités par l'INSEE dans son étude, les cambriolages ou tentatives de cambriolages du domicile (résidence principale, si la famille possède plusieurs logements) sont au nombre de 490 000 ; les actes de « vandalisme gratuit » contre le logement s'élèvent à 580 000. On compte 198 000 victimes de vol ou tentative de vol de leur véhicule. Quant aux vols d'objets dans les véhicules ou d'éléments du véhicule (roues, accessoires...), l'enquête permet de les estimer à 575 000, sachant que bien des victimes renoncent à porter plainte, convaincue de l'inutilité de la démarche. On est loin de la jouissance paisible de ses biens qui devrait pourtant être garantie aux citoyens d'un État policé. D'autant qu'en dehors des vols ou tentatives de vol liés aux domiciles ou aux véhicules, il faut aussi songer aux autres vols, dans la rue ou dans les transports en commun : 166 000 avec violence ou menace de violence, et 967 000 sans violence ni menace, en particulier ce que l'on appelle le « vol à la tire ».

Pour des raisons documentaires, la situation en matière d'autorité, de sécurité et d'incarcération sera traitée ici principalement au travers du cas français, mais nous donnerons autant que possible des éclairages sur ce qui se passe dans divers pays étrangers, dont certains sont nettement plus mal lotis que la *douce France*. Preuve, s'il en est, que l'humanité a encore pas mal de chemin à parcourir, pour que le « vivre ensemble » en toute quiétude devienne une réalité.

DE PLUS EN PLUS D'HOMICIDES EN FRANCE

La France est relativement à l'abri de l'ultra-violence qui conduit aux homicides volontaires. L'étude de l'INSEE en recense quatorze par an et par million d'habitants. Mais les chiffres les plus récents, ceux révélés par le Figaro pour le premier semestre 2021, ne sont pas très bons. Ils démontrent que le tabou de l'assassinat et, parfois, de la mise à mort, est en train de s'étioler. Il y a eu plus de 600 morts violentes en France entre le 1er janvier et le 30 juin 2021, un chiffre en augmentation de 7 % sur un an, de 12 %, si l'on ajoute les tentatives d'homicide. Certains meurtres récents dont les médias se sont fait l'écho sont particulièrement glauques, précédés de tortures, et accompagnés de mutilations du corps de la victime. On a du mal à imaginer que certains films ou séries ultra-violents ne désinhibent pas ou n'inspirent pas les criminels.

Mais certains pays sont encore plus à l'abri de l'ultra-violence que nous, si l'on en croit les données disponibles (de qualité variable selon les pays) : la palme de la sécurité en matière d'homicides volontaires revient au Japon, à Hong-Kong, à Singapour et à l'Islande, avec trois ou quatre homicides par an et par million d'habitants. Aux niveaux de cinq à sept homicides par an on trouve la Chine, la Corée du Sud et un bon nombre de pays européens : la Suisse et la Norvège sont à cinq, l'Espagne, le Portugal, les Pays-Bas et la Tchéquie à six, l'Autriche, la Grèce, l'Italie, la Pologne à sept. Au niveau de huit et neuf homicides volontaires par million d'habitants nous trouvons Taïwan, l'Australie et les Émirats arabes unis. On risque donc bien deux à trois fois moins de croiser la route d'un psychopathe meurtrier dans certains pays, c'est un fait incontestable.

À l'inverse, au Mexique, les homicides volontaires semblent avoir été la cause de 175 000 décès entre 2005 et 2015. Il est vrai que ce pays est le terrain de chasse de bandes armées dont certaines disposent de l'armement nécessaire pour abattre les hélicoptères : la police rencontre évidemment quelques difficultés quand elle veut intercepter leurs membres *manu militari* !

Certains pays comptabilisant ordinairement peu d'homicides volontaires peuvent enregistrer une année donnée un sinistre record, qui les situe alors bien au-delà de leurs chiffres habituels. Le massacre de la place Tienanmen, à Pékin, le 4 juin 1989, en fournit un exemple. Voici un extrait du récit que fit de cette journée le journaliste Thierry Desjardins dans *Le Figaro* du 5 juin de la même année : « Pendant des heures et des heures, plusieurs dizaines de milliers de soldats de l'armée chinoise [...] tirèrent à l'arme automatique, à la mitrailleuse lourde, avec des chars, avec des canons, contre une foule gigantesque, aux mains nues, qui criait vive la démocratie. Ce fut un carnage. »

Cette année-là, les statistiques chinoises du nombre de morts violentes feront un *bond en avant*, à cause des 286 victimes officielles de la répression. En réalité, de nombreuses archives diplomatiques russes, anglaises ou américaines désormais rendues publiques évaluent à au moins 10 000 morts civils le massacre de la place Tienanmen, dont l'Armée Populaire de Libération est le principal responsable. Aujourd'hui, il est avéré que les statistiques chinoises sont truquées sur bien des points, et celles de la criminalité ne sont pas en reste. En Chine, il n'y a pas que des Ouïghours qui disparaissent brutalement du jour au lendemain sans donner signe de vie. Mais l'État n'est-il pas dépositaire de la « violence légitime » y compris ou en particulier dans l'Empire du Milieu ?

Revenons à la criminalité « ordinaire ». Beaucoup de pays européens se situent entre dix et quatorze homicides volontaires par an et par million d'habitants. Quatorze est le cas de la France, de l'Algérie, de la Serbie et d'Israël. Entre dix et treize se trouvent des pays comme l'Allemagne, le Royaume-Uni, la Suède, la Slovaquie. Entre 15 et 20 figurent des pays du Moyen-Orient comme l'Arabie saoudite, la Jordanie, le Koweït. On trouve aussi dans cet étiage le Canada (17) et quelques pays africains comme le Malawi.

Allons maintenant dans la tranche 21 à 40 : on y trouve à la limite inférieure (21), la Belgique, la Hongrie et l'Azerbaïdjan ; ensuite de nombreux pays « en développement » comme la Birmanie, l'Égypte, l'Iran, le Bangladesh, la Libye, le Rwanda, la Turquie, la Thaïlande, le Vietnam, et un mastodonte, l'Inde.

LES ÉTATS-UNIS CÔTE À CÔTE AVEC LE PAKISTAN !

De 41 à 100 on ne s'étonnera pas trop de trouver le Pakistan, le Niger et la Corée du Nord ; en revanche, la présence des États-Unis (54 homicides par million d'habitants) dans cet ensemble de pays à criminalité élevée, vient nous rappeler qu'un très haut niveau de développement ne garantit pas forcément la sécurité des citoyens. Viennent ensuite, aux environs de 60 crimes de sang par million d'habitants, l'Argentine, le Burundi et le Ghana. Entre 90 et 99, le Tchad, le Togo, l'Irak et le Nigéria.

La série des pays comptant plus de 100 homicides volontaires par million d'habitants commence avec la Russie (108), inclut entre 120 et 140 les Philippines, et plusieurs États d'Afrique noire comme la République démocratique du Congo, et culmine à plus de 190 avec le Mexique et la République centrafricaine.

Au-delà de 200 homicides volontaires par million d'habitants, l'Amérique du Sud est particulièrement représentée, avec le Brésil, la Colombie et le Guatemala, mais on trouve aussi l'Afrique du Sud (340). Le sommet est atteint par le Salvador, dont le nom signifiant « qui apporte le salut » est quelque peu trompeur puisque, par million d'habitants, 828 personnes s'y font assassiner chaque année.

Ces données statistiques ne sont pas d'une qualité irréprochable, car les pays les moins sûrs disposent rarement d'une administration capable de recenser scrupuleusement les homicides au macchabée près. Néanmoins, elles fournissent une indication importante : une grande partie du genre humain vit dans des conditions d'insécurité dramatiques. Bien entendu, dans les pays où les homicides sont particulièrement fréquents, on ne peut guère s'attendre à ce que les coups et blessures soient rares, et à ce que la propriété individuelle soit correctement protégée : les atteintes aux biens, pour lesquelles quelques précisions ont été données plus haut dans le cas français, y sont banales. L'insécurité est clairement un drame planétaire, et un aspect important du sous-développement, son compagnon de route numéro 1, car les hommes n'ont pas seulement besoin de biens de consommation et de services, mais avant tout de de vivre en sécurité. C'est la deuxième marche de la pyramide des besoins de Maslow, juste après les besoins physiologiques.

La sécurité dépend pour une part de la mentalité collective, mais l'organisation des services publics de police et de justice est également un facteur très important. Or le fonctionnement de ces services est dans bien des cas d'une efficacité insuffisante. Quand on mesure le mécontentement des Français relativement au fonctionnement de leurs forces de l'ordre et de leurs tribunaux, on peut difficilement prétendre que tout va bien, et on se doute qu'il en va de même, ou que c'est pire, dans beaucoup d'autres contrées.

LA JUSTICE FRANÇAISE À BOUT DE SOUFFLE

Le site officiel *Vie publique* a publié le 6 février 2020 un état des lieux de la situation carcérale française sous le titre *Prisons : une surpopulation chronique*[1]. Citons la phrase-clé : « sur-occupation des cellules, matelas posés au sol, présence d'animaux nuisibles : avec plus de 70 000 détenus pour 61 000 places les prisons françaises sont surpeuplées. » La France s'est d'ailleurs fait taper sur les doigts à ce sujet par la Cour européenne des droits de l'Homme. Pourtant, de 2010 à 2020, les places opérationnelles ont augmenté d'un dixième, passant de 55 000 à 61 000. Las ! Le nombre des personnes détenues, lui, a augmenté davantage, de 61 000 à 71 000. Ce qui fait seulement 6 000 places supplémentaires pour 10 000 détenus de plus.

La situation est surtout dramatique dans les maisons d'arrêt (dédiées aux peines les plus courtes, avec 38 % de détenus en sus des places existantes. Les longues peines, effectuées dans les « maisons centrales », ne posent pas ce type de problème : le taux d'occupation y est de « seulement » 74 %. Les centres de détention, pour les peines de durée égale ou supérieure à deux ans, mais pas trop longues, ont eux aussi quelques places libres, environ 10 %. La conclusion qu'en tire l'administration est typique de la méconnaissance du sujet qui sévit en haut lieu : au lieu de convertir des places d'incarcération

1. Source : https://www.vie-publique.fr/en-bref/273154-prisons-une-surpopulation-chronique-la-france-condamnee-par-la-cedh

longue en places de courts séjours, la solution retenue a été de remplacer une partie de l'incarcération courte (au plus six mois) par le port d'un bracelet électronique et des travaux d'intérêt général.

L'avis d'un psychiatre spécialiste des jeunes délinquants montre à quel point ce raisonnement bureaucratique est irréaliste. Le Dr Maurice Berger, notamment dans deux de ses ouvrages[1], explique ce qui se passe dans la tête d'un jeune qui est puni de manière insignifiante : il considère que ce n'était pas grave, et donc qu'il peut recommencer. Voici ce qu'il écrit : « Actuellement, dans les faits, les mineurs ont compris qu'il existe un droit de premier tabassage, quelle qu'en soit la gravité. » Allez-y gaiement, on ne risque pas gros !

Le docteur Berger explique notamment comment un simple « rappel à la loi » après un acte de violence est interprété par l'adolescent : celui-ci y voit une sorte d'autorisation de continuer. Le psychiatre estime que le passage par la case prison, pour une courte durée, est nécessaire pour faire prendre conscience de la gravité du fait d'avoir commis un délit. Or, justement, ce que proposent les autorités, soucieuses de limiter la surpopulation carcérale, mais toujours en retard de dix ans pour la création des places de prison nécessaires, c'est la suppression des emprisonnements courts ! Précisément ceux qui dissuadent les délinquants débutants d'aller plus loin sur le chemin de la délinquance, puis de passer à la criminalité ! Confier la politique carcérale à des personnes qui n'ont pas une connaissance approfondie, et souvent pas de connaissance du tout, de la façon dont on évolue de la petite délinquance vers la criminalité, cela conduit

1. *Voulons-nous des enfants barbares ?* (Dunod, 2013) et *Sur la violence gratuite en France* (L'artilleur, 2019)

à dépenser toujours plus pour des résultats de moins en moins bons.

QUAND LE DROIT AU PINAILLAGE PRIME SUR LE DROIT DES VICTIMES

La *Revue Française de Criminologie et de Droit Pénal*, dans son numéro d'octobre 2020, consacre son avant-propos à l'affaire Jérémy Roze, étudiant en pharmacie attaqué par deux jeunes, prénommés Hicham et Driss, et tué d'un coup de poignard en plein cœur. Le crime remonte au 27 février 2011. Nous avons retenu cet exemple, car il se trouve que l'affaire est repassée en avril 2021 devant la cour d'assises pour la troisième fois, après une cassation pour vice de procédure. La Cour d'assises avait condamné une première fois les coupables en décembre 2014, soit presque quatre ans après l'assassinat – délai épouvantablement long pour la famille de la victime, sans aucune justification autre que l'engorgement des juridictions – l'un à perpétuité et l'autre à 20 ans. Il fut fait appel du jugement, sans succès : le premier jugement fut confirmé. L'invocation d'un vice de procédure permit aux meurtriers de se pourvoir en cassation, et la Cour de cassation cassa le verdict (punitif) de la Cour d'appel en octobre 2018. Le nouveau verdict tombé le 9 avril a définitivement condamné Hicham à 30 ans de réclusion, au lieu de la perpétuité. Le verdict de son complice n'a pas changé, le vice de procédure ne lui ayant pas bénéficié.

Le traitement d'une telle affaire est épouvantablement pénible pour la famille de la victime, condamnée (sans le moindre jugement !) à vivre dix années de calvaire. Le motif de cassation de l'arrêt de la Cour d'appel, en mai 2017, semble avoir été une négligence de la Cour : la défense ayant plaidé « un refus de l'individualisation de la peine », la Cour a dû se retirer pour discuter ce point technique, et elle l'aurait fait sans avoir donné préalablement la parole au principal accusé, comme prévu par le code de procédure pénale. Voilà donc, semble-t-il, des magistrats qui se comportent comme des amateurs, au détriment d'une famille qui pleure son enfant assassiné, sans que cette faute professionnelle manifeste ne soit sanctionnée. Certes, les droits de la défense sont sacrés, mais comment avoir confiance dans une institution judiciaire dont l'organisation défectueuse et le manque de professionnalisme aboutissent à cumuler lenteur et cafouillage ? Nul n'est à l'abri d'une erreur de pure forme, d'un relâchement d'attention, mais est-ce au justiciable, à la famille de la victime, d'en payer le lourd prix psychologique ?

LA NOUVELLE PLAIE DU TERRORISME ISLAMISTE

En 2002, Guy Coq et Isabelle Richebé publiaient *Petits pas vers la Barbarie*[1], affirmant que les grandes guerres entre États cèdent désormais la place à « des petites guerres barbares, voire en même temps civiles ou encore ourdies par des organisations terroristes ». Ils voyaient dans « l'Afghanistan des Talibans, l'Algérie des GIA, les Gardiens de la révolution en Iran, autant d'illustrations de la volonté de maintenir une société de guerriers ». Aux grands totalitarismes tels que le nazisme et le communisme ont succédé des projets plus protéiformes, capables de prospérer dans des pays pauvres comme dans

1. Presses de la Renaissance

des pays riches. L'Islam, notamment, est utilisé par des ennemis de la liberté pour noyauter des organisations et s'en servir comme drapeau au bénéfice de chefs motivés par le désir de puissance. La soif de vengeance et de revanche engendrée par la supériorité technologique des occidentaux utilise la pauvreté et la frustration pour recruter les « martyrs » qui se sacrifient à la cause.

Voici pour illustrer ces propos quelques attentats récents commis en France :

> Le 3 janvier 2020, un homme fait irruption dans un parc situé entre Villejuif et L'Haye-les-Roses, armé d'un couteau ; il poignarde trois personnes, dont l'une meurt de ses blessures, puis se dirige vers un centre commercial. Par chance, un équipage de la brigade anti-criminalité (BAC) est sur les lieux et l'abat. Son sac à dos contenait des ouvrages salafistes et des instructions pour son passage à l'acte.
> Le 5 janvier, à Metz, un homme déjà fiché S, donc repéré comme dangereux, attaque des policiers avec un couteau, en criant *Allah Akbar*. Il est neutralisé par un tir aux jambes et placé en garde à vue.
> Le 4 avril à Romans-sur-Isère, autre attaque au couteau aux cris de *Allah Akbar*.
> Le 27 avril, à Colombes (Hauts-de-Seine), un homme blesse grièvement deux policiers à moto. Arrêté, il donne comme motif de son acte la situation en Palestine.
> Le 25 septembre, à Paris, c'est avec un hachoir de boucher qu'un demandeur d'asile pakistanais agresse et blesse sauvagement deux personnes devant les anciens locaux de *Charlie Hebdo*.
> Le 16 octobre, c'est l'assassinat de Samuel Paty, professeur d'histoire, décapité dans la rue par un

réfugié tchétchène. Une patrouille de police lancée à sa poursuite l'abat, après qu'il ait dégainé une arme (qui se révèlera être factice !).

> Le 29 octobre, à Nice, un jeune tunisien tue trois personnes à la basilique Notre-Dame de l'Assomption à Nice. Il est blessé et interpellé par des policiers municipaux.

Tous ces actes pourraient passer pour des *faits divers* s'ils n'avaient pas pour mobile le même sentiment de haine à l'encontre de la société occidentale, mais aussi bien évidemment de la religion chrétienne.

L'EXPLOSION DES VIOLENCES PHYSIQUES ET SEXUELLES

Ce qui suit provient du rapport *Cadre de vie et sécurité* établi par l'enquête du même nom conduite en 2019. Cette enquête est réalisée depuis plus de dix ans selon le même protocole, ce qui permet de suivre l'évolution de la criminalité et de la délinquance en France. Elle va malheureusement être remplacée, officiellement pour des raisons budgétaires, ce qui va provoquer d'importantes ruptures de série. À supposer que le motif allégué – les « gros sous » – soit le bon, on ne peut que s'interroger sur le choix d'une telle économie, qui pourrait facilement être réalisée dans des domaines moins cruciaux, par exemple en diminuant le nombre de parlementaires ou celui des administratifs dans la fonction publique hospitalière. Le professeur Michaël Peyromaure, dans son ouvrage *Hôpital, ce qu'on ne vous a jamais dit* (Albin Michel, 2020) montre en effet magistralement à quel point la prolifération du personnel administratif amoindrit la productivité des soignants, tout en contribuant plutôt à diminuer la qualité des soins.

Mais venons-en aux enseignements que l'on peut tirer de cette enquête hélas menacée de rétrécissement. Parmi les personnes de 18 à 75 ans, 635 000 (en moyenne annuelle sur la période 2011-2018) ont été victimes de violences physiques « hors ménage », 176 000 de violences sexuelles « hors ménage », et 373 000 de violences au sein du ménage. Nous avons donc 1,1 million de victimes de violences physiques ou sexuelles. La moitié sont des femmes, largement surreprésentées dans les agressions physiques ou sexuelles au sein du ménage, évidemment surreprésentées aussi dans les violences sexuelles hors ménage, et sous-représentées dans les victimes de violences physiques hors ménage : les bagarres opposent encore majoritairement des hommes à d'autres hommes. Le nombre élevé de victimes montre que, même en France, la violence est un réel problème.

La situation est particulièrement grave en Amérique latine. Dans des villes comme Caracas ou Acapulco, le taux d'homicides s'élève à huit pour 1 000 habitants, dix fois la moyenne mondiale. Au niveau planétaire, en un jour, 137 femmes sont, en moyenne, assassinées par leur conjoint ou par un proche. Mais l'Europe n'est pas aussi protégée de ce fléau que l'on pourrait le penser : lors de la journée internationale contre la violence à l'égard des femmes, il a été dit qu'au cours de sa vie, une femme sur trois a subi, ou subira, une forme ou une autre de violence physique ou sexuelle.

En résumé, la sécurité des personnes, mais aussi celle des biens, constitue donc un problème de grande envergure, que peu de pays dans le monde sont parvenus à résoudre, ou en tout cas à réduire à un niveau acceptable. Même en Suisse, la criminalité est en augmentation : les statistiques de la Confédération corrèlent l'augmentation des crimes et délits dans certains cantons à l'immigration. Ce rapprochement est encore relativement tabou en France, mais l'on sait que 23,2 % des détenus sont étrangers[1], et que sur la part de détenus de nationalité française, les personnes issues de l'immigration sont surreprésentées. Impossible d'en savoir beaucoup plus : la menace de sanctions pénales et financières pour celui qui tenterait d'établir des statistiques ethniques est immédiatement brandie, comme s'il fallait absolument masquer quelque chose que l'on ne veut pas voir. Tout au plus, dans certaines centrales, la part de prisonniers de confession musulmane dépasse-t-il les 60 %, de l'aveu même des directeurs de ces établissements, enjoints de garantir une alimentation exclusivement halal à leurs hôtes, mais aussi des repas « spécial ramadan ».

En ce qui concerne en particulier la justice française, on sait à quel point celle-ci est de moins en moins efficace pour ne pas dire inopérante, quand on voit que nombre de délinquants ou de criminels sont des multirécidivistes en puissance. En particulier, les terroristes mais aussi les auteurs de féminicides sont le plus souvent affublés de casiers judiciaires longs comme le bras, preuve que la société est désormais incapable d'assurer sa mission pourtant centrale de protection des bons citoyens, en mettant les mauvais derrière les verrous.

La simple comparaison du budget consacré par habitant à la Justice par la France, de 69,50 euros, comparés aux 131,20 euros investis chaque année par l'Allemagne, montre à quel point nous sommes à la traîne. L'Espagne dépense 92,60 euros, l'Italie 83,20 euros, et les pays européens

1. Observatoire international des prisons, section française : https://oip.org/analyse/etrangers-detenus-derriere-les-chiffres-de-la-sur-representation/

dans leur ensemble, 84,3 euros. Le nombre de juges par habitants, autre critère incontestable d'efficacité, classe là encore la France en queue de peloton : Quand les autorités allemandes alignent 24,5 juges pour 100 000 habitants, les Français n'en disposent que de 10,9. La moyenne européenne est de 17,7 juges pour 100 000 habitants. Du côté des procureurs, donc, de l'action publique, le constat est encore plus dramatique : il y a trois procureurs pour 100 000 habitants en France, contre plus de onze en moyenne en Europe.

Nous savons donc explorer le système solaire, et cela fait déjà plus de cinquante ans que Neil Armstrong a posé le pied sur la Lune – c'était le 21 juillet 1969 – mais nous ne savons toujours pas domestiquer les instincts de prédateurs de certains de nos semblables. Quand la sécurité des biens et des personnes reflue, comme c'est le cas actuellement en France du fait du terrorisme, de la faiblesse des moyens de la Justice, et de la vie dure menée au quotidien aux policiers et gendarmes, c'est un signal faible qui doit être pris en compte et provoquer une réaction avant que la situation ne se dégrade et ne devienne insupportable. Dans certaines villes, dans certains quartiers, ce seuil est déjà largement franchi, parfois depuis longtemps : le quotidien de millions de Français est déjà apocalyptique.

9

TRANSITION ÉNERGÉTIQUE : LE TROISIÈME CHOC

UNE PETITE HISTOIRE DE L'ÉNERGIE POUR COMPRENDRE

Entre l'invention de la première chaudière à vapeur par le français Denis Papin en 1690, et la première machine à vapeur fonctionnelle de l'anglais Richard Trevithick[1] en 1803 (retardé dans ses recherches par une autre toute nouvelle invention, le brevet, en l'occurrence, les brevets déposés par Watt sur la locomotive à vapeur), plus d'un siècle s'est écoulé. On peut dire que la transition de l'énergie animale (et accessoirement éolienne et hydraulique) à la première énergie issue du carbone a été plus que douce.

Mais en réalité, une fois lancées[2], si l'on peut dire, les machines à vapeur ont tout bousculé sur leur passage ; elles ont donné à l'Angleterre un grand avantage sur ses

1. Sachant que Denis Papin et Richard Trevithick ont dû affronter de nombreuses autres difficultés pour développer et promouvoir leurs inventions respectives. Ils ont eu les honneurs d'un chapitre chacun dans « *Les Grands Esprits ont toujours tort* » (Éditions du Moment, 2007), par Jean-Baptiste Giraud.

2. En 1825, la première ligne commerciale relie Stockton à Darlington au Royaume-Uni.

voisins. Ce pays développe alors – dans la première moitié du XIXe siècle – une industrie moderne et ultra compétitive grâce à l'énergie abondante et bon marché du couple charbon/vapeur. En France, c'est sous Napoléon III que la vapeur permet au pays de faire un bond en avant.

Ensuite, au XXe siècle, le pétrole et l'électricité ont augmenté la puissance disponible, tout en apportant beaucoup plus de souplesse (l'énergie est immédiatement utilisable), et en réduisant au passage considérablement la taille et le poids des moteurs et des machines.

Un moteur à essence occupe nettement moins de volume qu'une chaudière à vapeur pour délivrer la même puissance. Aujourd'hui, le moteur des voitures électriques de dernière génération est désormais logé dans la roue...

Mais retournons encore quelques instants au XIXe siècle.

Watt, pour promouvoir ses premières machines à vapeur auprès des sujets de sa Majesté Georges III, qui utilisaient bien évidemment la force animale, avait inventé une unité de mesure très vendeuse : le cheval-vapeur. Le but évidemment était de démontrer la totale suprématie de la machine sur l'animal. Une seule de ces mécaniques pouvait remplacer plusieurs attelages sans jamais fatiguer. Cette unité est toujours utilisée aujourd'hui pour comparer les puissances entre elles, même si l'on utilise de préférence le... watt comme unité de mesure de l'énergie.

Grâce au cheval-vapeur, on comprend aisément ce que notre ère moderne doit depuis 200 ans à l'énergie carbonée : un homme en bonne santé ne fournit que l'équivalent d'un quart de cheval-vapeur[1]. C'est par exemple, l'énergie

1. Watt est soupçonné d'avoir volontairement sous-estimé les performances du cheval, pour vanter par comparaison les performances de ses premières machines à vapeur. Un percheron déploie en réalité jusqu'à 15 chevaux-vapeur d'énergie. Une chose est sûre : l'énergie produite par un cycliste de haut niveau lancé dans un sprint ne dépasse pas 2 CV, et encore, pendant un bref instant.

produite par un cycliste roulant à 30 km/h sur du plat. Jadis, c'était l'effort standard de l'ouvrier, du paysan, du cantonnier, pendant sa journée de travail.

Ben-Hur et ses acolytes enchaînés à leur galère ne devaient pas fournir beaucoup plus que ce fameux quart de cheval-vapeur à la cadence normale. Ils atteignaient peut-être un demi-cheval vapeur à la cadence de combat, et peut-être un cheval-vapeur, quand le garde-chiourme accélérait encore pour atteindre la vitesse d'éperonnage. Une allure soutenable pendant quelques dizaines de secondes, tout au plus.

L'ÉNERGIE, PILIER CENTRAL DE NOS ÉCONOMIES MODERNES

Aujourd'hui, une berline familiale revendique entre 100 et 150 CV sous le capot. L'Eurostar (le plus puissant des TGV de série) aligne 16 600 CV. La première version de l'A380, le plus gros avion du monde avec ses quatre énormes moteurs Trend 900, fait vrombir 56 000 CV au décollage. Et Saturne 5, qui a propulsé l'homme en direction de la Lune, la plus puissante fusée jamais construite par l'homme, développait... 1,6 million de CV au moment d'arracher ses 3 000 tonnes à l'attraction terrestre. Enfin, une centrale nucléaire standard délivre en continu... deux millions de CV.

Bien évidemment, ces niveaux de puissance « sous le pied » de l'Homme, totalement inconcevables, tant pour Papin, Trevithick, Diesel, Benz, et peut-être même pour Einstein, ont structuré nos sociétés et nos économies en quelques générations.

Un homme né avant-guerre est passé de la Traction avant Citroën à l'avion à réaction, du poêle à bois à la pompe à chaleur. Alors que son père montait fièrement dans une charrette tirée par un baudet pour aller au marché, comme son père avant lui, et le père de son père avant lui… et ce, depuis des générations et des générations.

Des transitions énergétiques, l'humanité en a donc connu quelques-unes. De la domestication des animaux, pour le trait et la monte, en passant par la domestication de l'eau et du vent (barrages, moulins) pour arriver aux énergies carbonées, bois, charbon gaz et pétrole, chaque transition a considérablement amélioré la condition humaine.

Mais pour appréhender cet afflux extraordinaire de puissance rendue soudainement disponible au service de l'Homme par la recherche, la science et la technologie, il faut comparer entre elles les deux situations, l'ancienne et la nouvelle.

Retenez bien ces deux données, déterminantes pour comprendre le problème de la transition énergétique que l'on demande à l'humanité de réaliser dans un laps de temps très court, une ou deux générations :

> Pour fournir l'énergie stockée dans un kilo de pétrole[1], il faut faire travailler six hommes pendant une longue journée de dix heures.
> Pour fournir cette même énergie, 0,1 gramme d'uranium suffit.

1. Soit 1,125 litre l'équivalent est 1,4 kilo de charbon ou 3,2 kilos de bois.

LA TRANSITION ÉNERGÉTIQUE, TROP VITE, TROP FORT ?

Comme nous venons de le voir, la révolution industrielle a été rendue possible par la découverte et l'exploitation de diverses sources d'énergie, qui ont augmenté considérablement, à chaque étape, le stock d'énergie disponible et la puissance mobilisable en un endroit donné, à un moment donné. De plus, nous avons rapidement disposé d'énergies immédiatement sollicitables : il fallait faire chauffer longtemps les chaudières des machines à vapeur avant de s'en servir pour atteindre péniblement 50 km/h, d'où d'ailleurs l'origine du nom « chauffeur ». Aujourd'hui, le conducteur tourne une clef ou appuie sur un bouton de sa voiture et peut filer à grande vitesse en une poignée de secondes.

Or la transition énergétique qui est aujourd'hui sur toutes les lèvres, telle qu'elle nous est présentée, proposée ou imposée, question de point de vue, exige de nous que nous devenions très rapidement frugaux, et que nous renoncions à certains acquis !

À l'occasion du dernier vol du Concorde, quelqu'un a fait remarquer que pour la première fois dans l'histoire de l'humanité, l'Homme allait « moins vite ». L'avion supersonique franco-britannique permettait en effet à une poignée de privilégiés de rejoindre New York depuis Londres ou Paris en seulement 3 h 30, contre 8 h 00 aujourd'hui. À Mach 2, un aller-retour États-Unis Europe dans la journée pour deux heures de rendez-vous d'affaires (voyage facturé 60 000 euros) était possible, et accessible à l'élite de l'élite. Il ne l'est plus.

Aujourd'hui, avec la voiture électrique, c'est un peu la même chose. Pour rallier Paris depuis Marseille en Renault

Zoé, la voiture électrique la plus vendue en Europe, une équipe de journalistes d'*Automobile Propre* a mis... 18 heures, lors de son lancement, en 2013. Renault promet que le trajet d'une seule traite sera possible en Zoé, mais pas avant 2025. En 2019, des journalistes de *Caradisiac*, au volant d'une Tesla Model 3 (vendue 43 000 euros à sa sortie, aujourd'hui proposée à 37 000 euros en version de base) ont réussi à rallier Paris à Aix-En-Provence en... 10 heures, en s'arrêtant seulement deux fois pour une charge partielle rapide. Lors des incendies qui ont frappé une large partie de l'Ouest américain pendant l'été 2021, les médias nord-américains ont rapporté à plusieurs reprises que des propriétaires d'automobiles électriques se sont retrouvés pris au piège, contraints d'abandonner leur véhicule, ou bien de faire des heures de queue pour pouvoir accéder à une station de recharge.

Les défenseurs de la voiture électrique ont beau rappeler que l'essentiel des trajets du quotidien, que ce soit pour le travail ou pour les loisirs, ne dépassent pas quelques dizaines de kilomètres : il n'empêche que le propriétaire d'une voiture électrique doit complètement repenser ses vacances ou ses longs trajets en fonction des bornes de recharge, et de leur disponibilité. Sachant que la moitié des 30 000 bornes électriques françaises[1] sont ponctuellement ou en permanence indisponibles ou incompatibles. Et que les tarifs de charge sur autoroute ont fait un bond colossal en janvier 2020 : l'association UFC Que Choisir a ainsi calculé que 100 km en Zoé électrique revenaient désormais à 18 euros, contre 12 euros en Clio essence ! Cette transition-là ne fait pas vraiment rêver.

Bien évidemment, la transition énergétique ne se résume pas à nos seuls déplacements automobiles, mais

1. Au 1er janvier 2021.

c'est l'effort le plus visible et le plus immédiat qui nous est demandé brutalement à tous. En 2024, Plus de 50 % du parc automobile français risque ainsi d'être interdit de circulation dans les zones à faibles émissions (ZFE) qui poussent comme des champignons sur le territoire national, particulièrement dans les grandes métropoles et leur voisinage. Dans la ZFE du Grand Paris, la plus en pointe, les véhicules diesel immatriculés avant 2011, c'est-à-dire, dix ans seulement avant la parution de ce livre, sont interdits dans l'intégralité des communes situées à l'intérieur de l'A86, et ce depuis le 1er juillet 2021.

L'incongruité des changements et des efforts demandés est donc facile à appréhender.

Pourtant, curieusement, vous n'avez encore jamais croisé de poids lourd électrique, alors même qu'ils sont des clients parfaits à l'électrification des transports. Dans un camion (qui consomme 30 litres de gasoil au 100 km), il n'y a pas de problème de place pour les batteries ! Une des entreprises iconiques du secteur, *Nikola* (le prénom de Nikola Tesla, sachant que Tesla était déjà pris par un autre), promettait de mettre sur le marché son modèle phare de poids lourd en 2021, le Tre Class 8 BEV. Un camion électrique animé par une pile à combustible, nourrie à l'hydrogène. L'engouement était tel que la valorisation boursière de *Nikola* a même dépassé les 30 milliards de dollars au cœur de l'été 2020 – soit plus que *Ford* – et des centaines d'articles promettaient le destin de *Tesla* à *Nikola*[1]. Et soudain, patatras ! Alors que la production des camions était soi-disant déjà entamée, un cabinet de recherche,

1. Au passage, on se pince à l'idée qu'aucun cabinet conseil en propriété intellectuelle n'ait jamais dit à Elon Musk qu'il devait protéger non seulement les marques dérivées du nom Tesla, mais aussi du prénom du génial inventeur tchèque !

intrigué de ne pas avoir plus d'informations concrètes sur l'engin révolutionnaire, a découvert que les vidéos publicitaires de *Nikola* étaient en réalité totalement truquées ! Le camion présenté en mouvement, évidemment parfaitement silencieux, avait été tracté tout en haut d'une colline, puis lâché en roue libre, le temps du tournage du clip vidéo de promotion destinés aux investisseurs. D'ailleurs, le mirobolant partenariat entre *General Motors* et *Nikola,* qui avait aussi contribué à la valorisation incroyable de l'entreprise, s'est avéré tout aussi bidon. Tout au plus GM acceptait-il d'acheter les piles à combustible et les batteries de *Nikola.* Problème : elles n'existent tout simplement pas.

Du côté du transport aérien, même lenteur : les projets les plus ambitieux d'Airbus et Boeing n'annoncent pas d'avions électriques ou à l'hydrogène avant 2035, au mieux. Sachant que les prévisions antérieures à la crise du coronavirus tablaient sur 50 000 avions de ligne et cargos à cette date (contre 26 000 en 2016). En 2019, Airbus, devant Boeing, a livré 863 appareils, pour 1 131 commandes... Même en mettant les bouchées doubles il faudra donc des dizaines d'années pour remplacer tous les avions encore opérationnels à cette date par des appareils nouvelle génération. Reste la solution du *no-fly movement* ou *flygskam* en suédois qui signifie littéralement « honte de prendre l'avion ». S'il paraît cohérent de privilégier le train à l'avion entre Paris et Bordeaux ou même entre Paris et Marseille, c'est une autre histoire quand il s'agit de relier Nice ou Biarritz à la capitale, et bien entendu quand il s'agit d'interconnecter entre elles les capitales régionales sans passer par Paris, ainsi que les grandes métropoles européennes.

Jamais l'Amérique du Nord ou la Chine, jamais l'Inde, l'Indonésie ou les Philippines et la plupart des pays d'Asie ni non plus l'Australie, et bien entendu la Russie, vu la taille ou la configuration de leurs territoires respectifs, ne renonceront à l'avion. Même chose évidemment pour l'Afrique dans son ensemble, faute tout simplement d'infrastructures routières ou ferroviaires de remplacement. Autrement dit, le maintien et le développement du transport des biens et des personnes en avion est une nécessité absolue. Ajoutons par ailleurs que le transport aérien, fret compris, est responsable d'une faible partie des émissions totales de gaz carbonique dans le monde : seulement 2 % !

Du côté du transport maritime (2 à 3 % des émissions mondiales de CO^2) on commence tout juste à construire et à mettre à l'eau des cargos fonctionnant au gaz, nettement moins polluant que le fuel lourd. Mais cela reste quand même du carbone. On expérimente également des systèmes de parafoils, sortes de voiles géantes, capables de réduire la consommation de carburant de 10 à 20 %... pourvu que le cargo aille dans le même sens que le vent. Sur certaines lignes, ça marchera à l'aller, mais nettement moins bien au retour, en raison des vents dominants. Des amoureux de la mer conçoivent actuellement de grands voiliers de fret très modernes, capables de traverser l'Atlantique avec l'équivalent... d'un container en soute. Les plus ambitieux en transporteront demain... cinq, avec le même équipage qu'un petit cargo ! Rappelons qu'un porte-conteneurs en transporte en moyenne 3 000, et que les plus gros dépassent depuis dix ans les 10 000 ! Il y a bien quelques projets de cargos à l'hydrogène[1] à l'horizon, mais le temps de les sortir des cartons, de réaliser des prototypes fonctionnels, puis de lancer la production de série, une génération au moins se sera écoulée. Rappelons

1. Sachant que l'hydrogène n'existe pas à l'état naturel.

enfin que le transport de marchandises dans le monde se fait à 80 % par la mer. La solution la plus simple, pour réduire l'impact du transport maritime sur les émissions de CO^2 et de particules fines, consisterait à remplacer le fuel lourd chargé en soufre, le plus économique, par des carburants mieux raffinés, et *de facto* beaucoup moins polluants. Le problème, c'est que, pour l'instant, personne ne veut payer la facture du surcoût (30 à 50 %).

LE NUCLÉAIRE NE PEUT PAS TOUT

La production d'électricité par des centrales nucléaires incarna un grand espoir : dompté, l'atome allait enfin jouer un rôle pacifique et procurer du courant électrique à bon marché en grande quantité à l'humanité ! Las ! Dès 1979, l'accident de *Three Mile Island*, aux États-Unis – le pays qui caracolait en tête économiquement et technologiquement – a fait germer le doute. Puis, en 1986, ce fut Tchernobyl, en Ukraine, pays alors pièce du puzzle de l'URSS : les deux grandes puissances nucléaires se montraient donc incapables de réussir à dompter l'atome civil sans accroc. La catastrophe de Fukushima, au Japon, en 2011, fut le troisième drame de ce tiercé perdant ; elle démontra qu'une centrale conçue selon toutes les règles de l'art restait malgré tout à la merci d'un accident naturel – en l'espèce un tsunami, vague géante provoquée par un séisme sous-marin, qui déferla en emportant tout sur son passage. Y compris les infrastructures de la centrale.

Le diagramme ci-après montre l'évolution de la puissance installée sous forme de réacteurs nucléaires, sur toute la surface du globe, jusqu'en 2011. On constate facilement que l'ère atomique marque un temps d'arrêt à partir de 1980. Les mises en chantier de nouveaux réacteurs ont cependant fini par repartir, et il existe actuellement 72 réacteurs en construction. Les deux pays du globe milliardaires en nombre d'habitants, la Chine et l'Inde, construisent en effet des réacteurs à marche forcée : leurs dirigeants savent bien qu'ils ne pourront pas compter éternellement sur l'énergie carbonée, et veulent se soustraire aux aléas du prix du pétrole, et au diktat de l'OPEP et de ses alliés. En dépit des cris d'alarme poussés par une partie des écologistes, il est difficile de soutenir que produire de l'électricité à partir de la lignite, combustible fossile qui est en quelque sorte du charbon de mauvaise qualité, est meilleur pour le climat et pour les bronches que d'avoir recours à des réacteurs nucléaires.

Figure 2 - Nombre et puissance des réacteurs nucléaires en service dans le monde

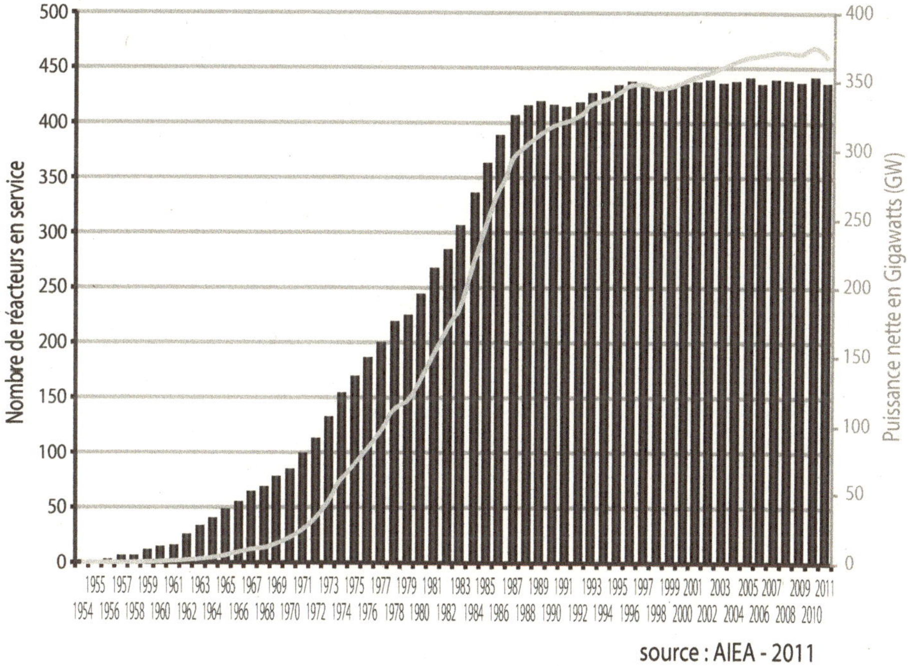

source : AIEA - 2011

L'ÉLECTRICITÉ VIENDRA-T-ELLE À BOUT DU PÉTROLE ?

Le pétrole, comparé à toutes les autres sources d'énergies non nucléaires, fournit bien plus d'énergie par kilowatts et par litre. C'est une donnée de base pour ces gros consommateurs d'énergie que sont les transports. Dans un même volume, une batterie lithium-ion contient 100 fois moins d'énergie qu'un litre d'essence. Pour l'hydrogène, le rapport est « seulement » de un à huit. On comprend aisément, à la lecture de ces deux chiffres, que remplacer les carburants fossiles par « autre chose » pour le transport ne se fera pas en quelques années, ni même en une ou deux générations. Dommage : les transports pèsent pour 29 % de la consommation d'énergie mondiale !

Qu'à cela ne tienne est-on tenté de se dire : si l'on ne peut pas connecter en permanence voitures, camions, avions et bateaux à une centrale électrique, pour les alimenter en énergie « propre », il suffit de demander aux autres utilisateurs de faire l'effort de passer à l'électrique. Et encore.

Facile : l'industrie consomme, à égalité avec les transports, 29 % de l'énergie produite chaque année dans le monde, auxquels on peut ajouter environ 21 % d'énergie consacrée aux usages domestiques (essentiellement le chauffage et l'éclairage, mais aussi désormais, la climatisation). Enfin le secteur tertiaire (dans lequel sont logés Internet et la finance mondiale) consomme huit petits pourcents de l'énergie mondiale, tous les ans.

Seulement voilà : le secteur tertiaire est presque totalement tributaire de l'électricité. Sauf à faire fonctionner Internet uniquement quand il y a du soleil pour exciter les cellules photovoltaïques, du vent pour faire tourner les éoliennes, ou suffisamment d'eau dans les barrages pour alimenter les turbines, il n'y a pas beaucoup d'efforts en matière d'optimisation de la consommation à espérer de ce côté-là. Sauf, bien sûr, à remplacer les milliers de centrales à charbon chinoises (ou allemandes) par des centrales... nucléaires. C'est justement ce que Pékin a commencé à faire.

Allo, Angela ?

Du côté du résidentiel, là encore, on n'a rien trouvé de mieux que l'électricité pour s'éclairer. Même si l'accès au courant électrique reste un luxe pour 1,1 milliard de terriens qui utilisent encore des lampes à huile ou à pétrole (terriblement polluantes). Des centaines de millions d'autres n'en profitent que par intermittence, ou encore ne consomment que quelques watts par jour, parfois simplement pour recharger un téléphone ou des lampes de poche, ou encore pour alimenter une pompe à eau électrique.

Les ampoules Led permettent d'économiser 90 % d'électricité, comparé aux ampoules à incandescence. Les géants de l'électroménager font de leur mieux : un réfrigérateur version 2021 consomme 75 % d'énergie en moins, comparé à un modèle vieux de seulement dix ans. Lave-linge, lave-vaisselle et sèche-linge font aussi de gros progrès, mais les résistances qui chauffent à l'intérieur ont déjà atteint leur rendement énergétique maximum. Aujourd'hui, ce sont surtout les économies d'eau qui progressent.

Reste le chauffage et l'eau chaude sanitaire, encore très largement dépendants des sources d'énergies fossiles dans les pays du monde les plus concernés. (Dans les pays ensoleillés toute l'année, les chauffe-eaux solaires sont totalement banals, et le chauffage n'est pas un sujet). C'est le sens des campagnes anti-fuel, et même maintenant anti-gaz dans les logements neufs français, sachant que la France, une fois n'est pas coutume, se distingue en étant le pays du monde avec le plus d'habitants chauffés à l'électricité : un tiers de sa population ! La faute au nucléaire, ou grâce à lui ? Nous y reviendrons.

Il suffirait donc en théorie de remplacer toutes les chaudières à gaz et au fuel du monde (et pour commencer, celles des Européens, bien que l'Europe émette trois fois moins de CO^2 que la Chine, et deux fois moins que les États-Unis) par des pompes à chaleur pour opérer une transition énergétique efficace et rapide.

De la même manière, toutes les industries gourmandes en énergies fossiles (gaz, pétrole ou charbon) n'auraient qu'à se convertir elles aussi à l'électricité à marche forcée.

Sauf que… c'est tout bonnement impossible. Tout d'abord, parce que l'électricité représente aujourd'hui seulement 20 % de l'ensemble de l'énergie consommée dans le monde, toutes activités confondues. La production d'électricité augmente (+4 % entre 2017 et 2018), mais comme la consommation totale d'énergie progresse dans le même temps, sa part reste stable dans le mix énergétique mondial.

Vous me direz que c'est juste une question de volonté : construisons des milliers de centrales électriques, pour mettre fin à la dictature du tout puissant pétrole, et de ses acolytes gaz et charbon !

Ce serait tellement simple, si… 64 % de l'électricité produite dans le monde n'était pas elle aussi enfant du carbone. Plus d'un tiers (38 %) des centrales électriques fonctionnent en effet au charbon dans le monde (et pas seulement en Chine, mais aussi tout près de nous, en Allemagne par exemple, le plus gros émetteur de CO^2 en Europe, de très loin, devant le Royaume-Uni). Le charbon étant encore disponible à profusion dans certaines régions du monde, et particulièrement facile à exploiter, comparé au gaz ou aux pétroles de schiste, il va être difficile à remplacer rapidement.

De même, 23 % des centrales électriques dans le monde tournent au gaz naturel. Cette énergie étant beaucoup plus vertueuse que le charbon, mais aussi que le fuel (qui ne représente que 3 % de la production d'électricité mondiale), il va être difficile de contraindre les propriétaires et exploitants de ces centrales à les arrêter demain.

Enfin, un quart de l'électricité mondiale provient d'énergies renouvelables, et pour l'essentiel, de barrages hydroélectriques, dont l'impact environnemental et géopolitique (barrer un fleuve qui irrigue d'autres pays est source de nombreux conflits, sans compter les conséquences sur l'agriculture) n'est pas du tout neutre.

Les éoliennes, auxquelles on consacre des livres entiers[1] et qui sont au centre de nombreuses polémiques, produisent trois fois moins d'électricité que les barrages, et l'intermittence de cette production, en plus de leur impact environnemental colossal, ne permet pas de beaucoup compter sur elles pour remplacer les autres modes de production d'électricité. Quant aux panneaux solaires, ils produisent seulement 2 % de l'électricité mondiale, également par intermittence, et le bilan de l'impact écologique de leur fabrication (très consommatrices de terres rares, extraites dans des conditions déplorables en Chine ou en Afrique notamment[2]) et de leur renouvellement n'est pas glorieux non plus.

Et voici donc, tout au bas du tableau, le fameux nucléaire. On lui doit seulement 10 % de l'électricité

1. Le lecteur intéressé par le sujet pourra lire « *Éoliennes, la face noire de la transition écologique* », par Fabien Bouglé, aux Éditions du Rocher.

2. Un passionnant document intitulé « *La Face cachée des énergies vertes* », dont une version télévisuelle a été diffusée en novembre 2020 sur Arte, montre que l'éolien et le photovoltaïque dépendent de l'extraction de grandes quantités de métaux rares et de cuivre, extraction qui provoque d'importants dégâts environnementaux – peu dénoncés actuellement, du fait qu'ils ne se situent pas en Europe ou en Amérique du Nord, mais dans des pays du Tiers-monde.

produite dans le monde, soit... 2 % du total de toutes les énergies produites (et consommées) sur notre planète, pendant une année !

Les accidents dont nous avons parlé plus haut ont évidemment ralenti certaines ardeurs, d'où le plateau observé à partir des années 80. Seules la Chine et l'Inde lui confient désormais une partie de leur destin énergétique. En début d'année 2021, l'Inde a relancé un vieil appel d'offres pour construire la plus grosse centrale nucléaire au monde (9 600 mégawatts[1]) au bord de la mer d'Arabie, une centrale à technologie EPR qui serait capable d'alimenter pas moins de 70 millions de foyers ! EDF, auquel la technologie EPR n'a pas spécialement réussi jusqu'ici, a pourtant déposé un dossier. Nous y reviendrons.

Pourtant, à en croire les médias, nombre de mouvements écologistes et d'experts, l'électricité est l'avenir de l'humanité.

La voiture de demain *sera* électrique, le chauffage de demain, grâce aux pompes à chaleur tellement plus performantes que tous les autres moyens de chauffage, *sera* électrique, les avions de demain *seront* électriques, les derniers trains diesel disparaîtront au profit de trains qui *seront* électriques, les poids-lourds comme les camions de livraison, paf, *tous* électriques, etc.

Et tant pis si les climatisations, forcément électriques, mettent tous les étés un peu plus en péril les réseaux des pays chauds qui s'en équipent pourtant à tour de bras.

Dans certaines régions du monde, et pas seulement en Asie, la croissance de la consommation d'électricité pendant l'été dépasse les 5 % en rythme annuel. Au Japon, il a fallu faire voter une loi pour contraindre les cadres

1. La plus grosse centrale nucléaire européenne, celle de Gravelines, produit 5 460 MW.

à tomber la veste et la cravate en été, et imposer que les climatisations soient réglées sur… 28 degrés minimum. Même le Premier ministre a dû montrer l'exemple à la télévision, tellement le renoncement à l'uniforme de l'homme d'affaires était considéré comme impossible dans ce pays où tout est encore ultra-codifié.

En 2020, la canicule sévissant en Californie (5e puissance mondiale, si on la sépare des États-Unis) a fait bondir la consommation d'électricité de plus de 70 % par rapport à la normale, provoquant coupures et délestages pour des millions d'abonnés. Et pourtant, la Californie est un modèle pour la transition énergétique, puisque 55 % de son électricité est décarbonée, en incluant le nucléaire ! Seulement voilà : la Californie ne produit que les deux tiers de l'électricité dont elle a besoin, et dépend de ses voisins, notamment… mexicain, pour le tiers restant[1].

Autant dire que le mythe d'une transition énergétique remplaçant les hydrocarbures par l'électricité, énergie qui ne se stocke pas (ou à la marge, dans les barrages), est une belle utopie.

Bien sûr, en théorie, l'électricité est la panacée : la Terre reçoit en effet tous les ans du soleil l'équivalent de 8 000 fois la consommation énergétique mondiale. Il suffirait donc de couvrir les déserts de panneaux solaires pour produire de l'électricité à foison, et ce « gratuitement ».

Problème : la plus grande centrale solaire du monde, Noor, située à Ouarzazate au Maroc, s'étend sur 480 hectares et projette à terme de s'étendre sur 3 000 hectares. Elle est mixte, produisant une partie de son électricité à l'aide de milliers de panneaux photovoltaïques, mais

1. Autrement dit, les adeptes du transhumanisme de la Silicon Valley roulant au volant de Tesla électriques chargent leurs engins avec de l'électricité produite au Mexique par d'antédiluviennes centrales à charbon.

aussi à l'aide de systèmes de chaudières plus classiques, portées à ébullition par des milliers de miroirs concentriques motorisés.

Or, cette centrale absolument gigantesque produit au final la moitié de l'électricité d'un petit réacteur nucléaire français des années 70, et ce, douze heures par jour, 320 jours par an. On comprend aisément, sans même avoir besoin d'imposer une règle de trois au lecteur, qu'il faudrait couvrir des millions d'hectares de zones désertiques de panneaux solaires ou de miroirs pour parvenir à remplacer une petite partie seulement des moyens de production d'électricité traditionnels actuellement en service dans le monde. Sachant que, bien évidemment, il faudrait aussi acheminer cette énergie sur les lieux de consommation, à des milliers de kilomètres de là...

Il est beaucoup plus raisonnable d'envisager que l'énergie fournie par le soleil, qu'elle soit captée par des cellules photovoltaïques, ou par des chauffe-eaux solaires comme on peut en voir dans la plupart des pays tropicaux, reste surtout une énergie produite et consommée localement. La maison autonome pour son électricité et sa production d'eau chaude sanitaire a du sens, mais n'est pas à la portée de tout le monde, et encore moins de toutes les bourses, vu les délais d'amortissement du matériel installé[1].

Le sujet de l'éolien est mieux connu, car beaucoup plus médiatisé, sans doute parce que les éoliennes

1. Dans le sud de la France, une solution 100 % solaire est amortie en 15 à 20 ans si tout se passe bien, sachant que le matériel est en général garanti pour 25 ans d'utilisation. Plus au nord, l'amortissement dépasse souvent la durée de vie théorique de l'équipement... Sans compter les pannes de régulateurs, et les dégâts causés par les intempéries sur les panneaux. Bien entendu, quand il n'y a pas suffisamment de soleil, il faut « tirer sur le réseau », et donc sur une centrale au gaz, au charbon, nucléaire, ou un barrage. Rarement une éolienne...

ne passent évidemment pas inaperçues, et cristallisent bien des oppositions. Là encore, de nombreuses études affirment que si tout le gisement éolien terrestre était exploité, on pourrait largement couvrir les besoins mondiaux en électricité, mais aussi remplacer toutes les autres sources d'énergie. Un rapport un peu trop optimiste pour être honnête affirme que si l'Europe, seule, exploitait tout son potentiel éolien aujourd'hui, elle fournirait toute l'électricité dont la planète a besoin jusqu'à 2050... Allons-y gaiment !

Mais est-il encore besoin ici d'expliquer au lecteur combien la différence entre les théories et la réalité est immense ? Nonobstant les hyperboles savamment entretenues par des écologistes illuminés et certains intérêts financiers...

Sachant que l'éolien, plus encore que le solaire, pose le problème immense de son intermittence, qui a déjà, à plusieurs reprises, failli déstabiliser le réseau européen, et précarise le réseau californien (encore lui). Quand les électrons issus du vent s'invitent dans le réseau, il faut en effet leur faire de la place en une poignée de secondes, contraignant d'autres moyens de production à s'arrêter d'urgence. En Suisse, des petits malins ont installé de grosses pompes hydrauliques, capables de hisser de l'eau dans des lacs d'altitude quand l'électricité est vendue à prix... négatif sur la Bourse de l'énergie européenne. Oui ! on paye des « consommateurs » d'électricité pour soulager les réseaux des électrons surnuméraires ! Et quand l'Europe a besoin de beaucoup d'électricité, eh bien... ils inversent les pompes hydrauliques, et revendent à prix d'or leurs électrons qui leur ont déjà rapporté de l'argent.

Reste justement l'hydraulique : là encore, le potentiel hydroélectrique total de la planète est quasiment sans limite. Les plus optimistes l'évaluent à… 15 000 fois son niveau actuel, sachant que l'hydroélectricité représente aujourd'hui 15 % de la production d'électricité mondiale.

Mais on ne produit pas d'électricité avec des barrages sans casser des œufs, pardon, sans terraformer des millions d'hectares, ni déplacer des millions d'habitants. Selon la Commission internationale des grands barrages, des centaines de millions de personnes ont été ou seront déplacées dans les prochaines années, à cause des barrages déjà construits ou en projet. Dans les rapports du GIEC, qui poussent au développement de l'hydroélectricité, les experts consentent à dire qu'il faudra artificialiser près de 200 000 kilomètres de cours d'eau dans les trente prochaines années ! Or, on le sait, les barrages modifient profondément les écosystèmes des fleuves sur lesquels ils sont installés, ruinant parfois les cultures en aval, provoquant la disparition ou l'appauvrissement en alluvions des deltas. Sans compter que les fleuves participent activement à la thermodynamique de la planète…

Reste alors le nucléaire, encore lui. La centrale de Gravelines, la plus importante centrale d'Europe, n'occupe que 150 hectares. Sa puissance nominale est de 5 460 mégawatts, soit environ dix fois la puissance de la centrale solaire de Noor, au Maroc, dont nous avons parlé plus haut, et qui occupe elle… 3 000 hectares.

Mais le nucléaire n'est pas non plus la panacée, l'écrire est presque un oxymore. Il faut au minimum dix ans pour construire une centrale. Plus encore que les éoliennes, elles cristallisent les oppositions des riverains. Par ailleurs, l'extraction des minerais radioactifs a elle aussi un impact très lourd sur l'environnement, sachant que ces minerais sont pour certains situés dans des régions souvent agitées. Un tiers de l'uranium exploité par Orano (ex-Areva), quatrième producteur mondial, et principal fournisseur d'EDF, provient par exemple des mines d'Arlit, au nord du Niger, l'un des pays les plus pauvres de la planète. Une région (immense) où l'armée française est déployée depuis plusieurs années, dans le cadre de l'opération Barkhane. Si la France refuse qu'il soit dit qu'elle agit au Sahel pour défendre ses intérêts économiques dans la région, il suffit de quelques minutes aux avions français pour survoler les mines d'Orano et dissuader d'éventuels agresseurs. C'est déjà arrivé.

Le nucléaire, c'est aussi bien évidemment des accidents majeurs dont nous avons déjà parlé. Les victimes de ces accidents nucléaires, directes ou indirectes, immédiates ou différées, se comptent en centaines de milliers. Les dégâts causés à l'environnement sont colossaux. Et même si les risques d'accidents étaient totalement écartés demain, resterait le problème de l'enfouissement des déchets. Les déchets accumulés jusqu'ici par suite de l'activité des réacteurs français, évalués à 1,5 million de m^3 (dont 90 % sont très faiblement radioactifs, et à durée de vie courte), s'ils étaient rassemblés en un seul lieu, occuperaient un carré d'un kilomètre de côté, sur 1,5 mètre de haut. Gérable, mais hautement sensible.

Tout ceci montre que la transition énergétique que l'on nous demande d'accomplir en un temps record n'est pas évidente. Éviter un réchauffement climatique irréversible et hautement dommageable à notre planète et à l'humanité, qui pourrait être opposé à cela ? Le problème est que l'origine exclusivement humaine de ce réchauffement demeure contestée par des experts respectables, et que la transition exigée en un temps minimal, inédite dans l'histoire de l'humanité, n'est pas aisée à accomplir, loin s'en faut.

La solution ne viendra pas du bannissement brutal de l'utilisation des énergies fossiles dans les transports, car l'impact sur les émissions de gaz à effet de serre serait insuffisant, tout en déstabilisant totalement nos économies, qui dépendent de la mobilité des biens encore plus que de celle des personnes, comme l'a démontré le confinement de la planète.

Il est également clair que les dieux Hélios et Éole ne peuvent pas du jour au lendemain remplacer les moyens traditionnels de production de l'électricité, majoritairement dépendants des hydrocarbures, et qu'ils peuvent encore moins se substituer partout ailleurs aux hydrocarbures : l'industrie et le résidentiel représentent, à eux seuls, les deux tiers de la consommation totale d'énergie sur la planète.

Il n'y a pas grand-chose à attendre non plus des barrages hydroélectriques : ceux qui sont actuellement en chantier suffiront simplement à préserver la part de l'hydraulique dans le mix énergétique global.

Enfin, même si du jour au lendemain, le nucléaire devenait tout d'un coup l'énergie désirée par tous, il faudrait au bas mot cinquante ans pour simplement remplacer les centrales électriques à charbon ou à gaz, partout sur la planète, par des centrales atomiques.

En réalité, c'est à la science qu'il appartient de trouver une énergie capable de remplacer toutes les autres, en présentant bien moins d'inconvénients. Nous n'avons pas parlé ici de l'hydrogène, qui n'est pas une source d'énergie en tant que tel, mais un moyen de stockage, puisque l'hydrogène ne se trouve pas sur Terre à l'état naturel. Osons le dire, alors que ce chapitre touche à sa fin, en une formule lapidaire : l'hydrogène n'est pas la solution. Il ne sera probablement même pas un acteur majeur de la transition.

Non, l'énergie d'avenir, sur laquelle des milliers d'ingénieurs travaillent d'arrache-pied dans plusieurs pays du monde, pourrait être la fusion nucléaire, à ne pas confondre avec l'actuelle fission de l'atome, dans les centrales du même nom.

Malheureusement, s'il est hautement probable que l'homme parvienne un jour à maîtriser cette technologie, qui fournira alors une énergie quasiment illimitée, propre, et d'un coût sans commune mesure avec celui de l'énergie aujourd'hui, il faut aussi prendre conscience d'une chose : nous ne savons pas si le siècle actuel sera celui de la fusion. Ou bien le prochain !

Et en attendant, il faudra bien « faire avec », puisque la transition énergétique, telle que certains la souhaitent ou l'exigent, n'est tout simplement pas possible de manière rapide.

Trois hypothèses sont donc à considérer :

> soit la transition prendra le temps qu'il faut vraiment pour la réussir, c'est-à-dire des décennies, peut-être, un demi-siècle.
> soit elle fera d'énormes perdants, ceux qui auront voulu aller trop vite, se condamnant eux-mêmes à la décroissance et à la déroute, laissant la place à tous les autres, consommateurs invétérés et décomplexés de pétrole ;
> soit l'humanité sera condamnée à un retour violent et brutal un siècle en arrière, un peu comme si *Homo Erectus*, il y a un million d'années, avait du jour au lendemain oublié comment allumer ou conserver le feu, et s'était ainsi condamné à retourner s'isoler dans sa grotte obscure et noire, en attendant le lever du jour.

10

LA DISPARITION PROGRAMMÉE DES PEUPLES EUROPÉENS

Voici un exercice qui vous rappellera vos années de collège : « Calculez en combien de temps une piscine contenant 40 m³ d'eau, alimentée par deux arrivées d'eau débitant chacune 500 litres à l'heure, et dont la bonde évacue 1,2 m³ d'eau à l'heure, sera totalement vide ». Si vous savez trouver la réponse[1] alors vous pouvez aussi calculer en combien de temps un continent de 350 millions d'habitants, où il naît 3,5 millions de personnes par an tandis qu'il en meurt 4,5 millions, aura perdu 10 % de ses habitants d'origine.

C'est à peu près ce qui se passe en Europe, à cela près que la piscine est à ciel ouvert, et qu'il pleut pas mal (immigration), si bien que l'on assiste à un remplacement progressif des européens par de nouveaux habitants, jeunes et féconds, venus d'ailleurs, plutôt qu'à une diminution de la population totale.

En 2010, Thilo Sarrazin, ministre de l'Économie socialiste (SPD) du Land de Berlin, publiait un ouvrage ayant pour titre *Deutchland schafft sich ab.* Littéralement : *L'Allemagne disparaît.* Dans son ouvrage,

1. 200 heures.

entre autres constats, il calcule que les Allemands de souche seront minoritaires dans leur pays en... 2049. Ces affirmations, parfaitement étayées et documentées, Thilo Sarrazin étant économiste et banquier de formation, ont provoqué une émotion immense en Allemagne. Ce livre s'est vendu à plus de 2,5 millions d'exemplaires, ce qui en fait le livre le plus vendu outre-Rhin depuis le début du XXIe siècle.

Le taux de natalité de nos voisins allemands n'a pas grimpé pour autant, bien au contraire : il est même descendu sous la barre de 1,4 enfant par femme. Accélérant encore un peu le processus d'auto-disparition que constate Thilo Sarrazin dans son ouvrage.

Et en France, qu'en est-il ? En apparence, la situation est un peu moins catastrophique, mais elle se détériore au fil des ans. Nous disposons de l'année 2020 au complet, du moins pour la France métropolitaine, et des années antérieures depuis des décennies. Voyons ce que cela donne.

UN RECORD... NÉGATIF !

Le maximum de naissances en France métropolitaine fut atteint en 1971, avec 881 284 bébés. Il y avait alors 51 millions d'habitants dans l'Hexagone. La barre des 800 000 naissances annuelles a été franchie à la baisse, pour la première fois, en 1982. En 2020, c'est la barre des 700 000 qui l'a été, avec 696 800 naissances. Au 1er janvier 2020, il y avait pourtant 64,9 millions d'habitants en métropole : 27 % d'habitants en plus, soit quatorze millions, et 184 000 naissances en moins ! Il y a forcément un bogue quelque part.

En 1971 le nombre de naissances par million d'habitants fut égal à 17 200 ; un demi-siècle plus tard (à un an près) la France est tombée à 10 700 naissances annuelles par million d'habitants. Rapporté à une base 100, la natalité française passe donc de 100 en 1971 à 62,2 cinquante ans plus tard : la baisse de la natalité est donc de presque 38 % !

À peine plus d'une naissance pour 100 habitants, cela veut dire qu'en l'absence d'immigration nette, pour que le nombre d'habitants de notre pays ne diminue pas, il faudrait que la mortalité baisse continûment et fortement, de façon à ce que que la longévité moyenne monte progressivement jusqu'à un siècle ! Les retraites dureraient alors près de 38 ans, (de 62 ans à 100 ans) ? Imaginez un peu le problème économique et financier que cela provoquerait... Ce n'est évidemment pas la solution, même si nous caressons tous l'espoir secret de finir pimpants et bondissants centenaires.

APRÈS LE BABY-BOOM, LE RECUL DES ANNÉES 1971 À 1976

À la Libération, il y eut un grand élan procréatif. En 1946 les naissances furent si nombreuses, relativement au nombre de femmes en âge de procréer, que si l'on avait continué sur cette lancée, les Françaises auraient eu en moyenne trois enfants. En 1966, le même indicateur affichait 2,8 enfants par femme. Mais un changement très fort survint ensuite : il chuta rapidement à 2,5 enfants par femme en 1971 et 1,83 en 1976.

Le 27 avril 1969 Charles de Gaulle fut désavoué lors d'un référendum. Il démissionna dès le lendemain.

Le 15 juin Georges Pompidou lui succéda, et Jacques Chaban-Delmas fit son entrée à Matignon le 23 juin. Le nombre annuel de naissances atteignit son record l'année suivante, avec 881 000 nouveau-nés. Le baby-boom continua en 1972 avec 877 500 naissances. En 1973 on dénombra encore 855 000 arrivées de bébés dans une France de 52 millions d'habitants, mais en mai de cette même année une importante manifestation en faveur du droit à l'avortement témoigna d'un important changement de mentalité.

La loi Veil relative à l'IVG (votée le 20 décembre 1974 : joli cadeau de Noël !) vint entériner légalement et conforter psychologiquement le droit de vie et de mort des parents, voire de la seule mère, sur l'embryon (avant deux mois) et le fœtus (au-delà). Les trois années suivantes, la chute du nombre de naissances fut très rapide : 56 000 de moins en 1974, idem en 1975, et encore 25 000 de moins en 1976. Les statistiques reflètent l'ampleur du changement survenu dans les mentalités comme dans la législation. La loi du 18 juin 1975 destinée à faciliter le divorce, succédant à la loi Veil votée six mois plus tôt, est typique de l'évolution qui s'est produite à cette époque.

NATALITÉ : LE PASSAGE À VIDE 1976-1999

Après cette chute durant la première moitié des années 1970 survint un plateau oscillant autour des 1,8 à 1,9 par femme, soit 730 000 à 760 000 naissances par an. La descendance finale, c'est-à-dire le nombre de bébés mis au monde par une femme durant la totalité de sa vie, est alors encore assez proche de deux, mais les naissances surviennent à des âges de plus en plus élevés.

La décennie 1980-1989 ne fut guère plus brillante. Le nombre annuel de naissances débute en 1980 aux environs de 800 000 par an, descend à 760 000 en 1984, remonte à 778 000 en 1986, termine à 765 000 en 1989. La décennie suivante est tout aussi terne, débutant à 762 000 en 1990 et terminant à 745 000 en 1999.

XXIe SIÈCLE : LE DÉCLIN, PUIS LA DISPARITION ?

Le XXIe siècle commence par un léger progrès : 775 000 naissances en l'an 2000, soit 30 000 de plus. Ensuite, le nombre des naissances monte jusqu'à 797 000 en 2006 et cette décennie « tranquille » se termine avec 793 000 naissances en 2009.

La décennie suivante débute par une petite progression à 802 000 en 2010. Mais ce fut le chant du cygne : ensuite, le nombre des naissances métropolitaines diminue, progressivement mais sans discontinuer, jusqu'à 730 000 en 2017, 720 000 en 2018, 714 000 en 2019, pour finir en 2020 par crever le plancher de 700 000, à 697 000 naissances. Une première en France depuis la Libération. Rappelons que pendant tout ce temps-là, la population française augmente quand même ! Mais c'est grâce à l'augmentation de l'espérance de vie, et non grâce aux naissances, puisqu'elles sont déjà depuis des décennies en dessous du seuil de renouvellement de la population.

Cela donne donc seulement 697 000 bébés venus au monde en 2020 pour 65 millions d'habitants (France métropolitaine), en comparaison de 881 000 naissances pour 51 millions d'habitants pour l'année 1971. Que voilà un beau chemin parcouru... aux yeux des malthusiens, qui croient naïvement que la dénatalité en Occident va sauver notre planète surpeuplée. En réalité, la faiblesse de la natalité dans les pays développés forme un cocktail détonnant avec l'exceptionnelle fécondité de la majeure partie des pays émergents ou en voie de développement.

La plupart des Africains, et la moitié des Asiatiques ont tout simplement trop d'enfants pour sortir du sous-développement et de la pauvreté. Vous savez bien, vous, amis lecteurs, ce que « coûtent » des enfants à leurs parents, et pas seulement financièrement, mais aussi en investissement personnel !

Seul point positif, à l'échelle de la planète : en Amérique latine la natalité est descendue à deux enfants par femme, ce qui est parfaitement raisonnable et gérable. Ce continent est sans doute celui dont le destin est le moins préoccupant, pour les décennies à venir.

En réalité, l'humanité dans son ensemble aurait intérêt à ce qu'il naisse un peu plus de bébés dans les pays développés, particulièrement en Europe, minée par la dénatalité, et un peu moins dans les pays très pauvres, qui ne peuvent pas en assumer la charge. Dire ou écrire le contraire est aussi stupide que d'affirmer qu'un petit garçon n'a pas vocation à devenir un homme plus tard, et une petite fille, une femme. Hélas, le gouvernement mondial cher à Jacques Attali n'étant pas encore à la manœuvre, on n'imagine pas l'ONU prendre demain les choses en main, sachant combien elle a déjà du mal à solutionner les dossiers explosifs dont elle a aujourd'hui la charge.

La régularité de la baisse du nombre de naissances en France métropolitaine, de 793 000 en 2009 à 697 000 en 2020, est plus inquiétante que les hauts et les bas habituellement constatés au cours d'une décennie. Dix années consécutives de baisse, soit 105 000 naissances annuelles de moins, c'est un recul de 13 %, et cela requiert une analyse sérieuse du sujet, et la mise en branle d'une série de mesures efficaces.

L'IMPÉRIEUSE NÉCESSITÉ D'UNE POLITIQUE FAMILIALE FRANÇAISE DE COMBAT

Logiquement, la politique familiale est l'instrument dédié à la résolution des problèmes de natalité. Certes, en pleine épidémie de Covid, il est peu probable que les pouvoirs publics, visiblement dépassés par les évènements, aient songé à s'intéresser sérieusement à la question. Pourtant « gouverner, c'est prévoir » : les soucis du quotidien ne devraient pas empêcher de se préoccuper activement du long terme, et donc au premier chef de la démographie. Or, quand pour la dernière fois avez-vous entendu un personnage politique français parler de la natalité ? Et proposer des solutions pour l'augmenter ? Le silence du chef de l'État, sur un sujet d'importance absolument vitale pour le pays, est inquiétant. L'inaction de son gouvernement, et l'insouciance du Parlement, le sont également.

Mais reprenons nos équations : 100 000 naissances qui n'ont pas lieu en 2021, cela veut dire pas loin de 100 000 travailleurs de moins en 2045, et donc environ un milliard d'euros de cotisations sociales et impôts qui manqueront pour financer la Sécurité Sociale, les retraites complémentaires, et les administrations publiques. Cela veut aussi dire 100 000 jeunes adultes de moins pour former des couples, engendrer des enfants et les élever. Dix années de basses eaux démographiques, c'est ensuite, chaque année pendant 30 à 40 ans, dix milliards d'euros qui feront défaut pour les finances publiques, donc pour l'école et la *Sécu*, ou qui seront obtenus en augmentant au-delà du raisonnable la pression fiscale et para-fiscale (cotisations sociales). À moins que l'on préfère rogner les pensions de retraite, ce qui ne serait pas illogique, car pourquoi les jeunes devraient-ils en quelque sorte cotiser chacun non seulement ce qui est normal, mais encore davantage, pour compenser le faible nombre de cotisants ?

Mettre au monde des enfants puis les élever, c'est à la fois beaucoup de bonheur, pas mal de soucis, mais aussi un gros investissement. Quand on n'investit pas suffisamment dans une entreprise, au bout de quelques années, le chiffre d'affaires diminue, les bénéfices se transforment en pertes, les licenciements se substituent aux embauches : c'est la catastrophe. Pour la population d'un pays, le tempo est moins rapide, mais l'issue est aussi irrémédiablement négative. C'est pourquoi il faut de toute urgence instaurer des mesures de redressement – en dynamisant, et même en réinventant totalement la politique familiale. Il y a urgence !

POLITIQUE FAMILIALE ET RETRAITES SONT INDISSOCIABLES

La mise au monde et la formation des nouvelles générations est l'investissement le plus vital pour une communauté. Or un cercle vicieux risque fort de s'enclencher : peu de naissances aujourd'hui, cela veut dire peu de cotisants dans un quart de siècle, donc des taux de prélèvements faramineux, donc des difficultés budgétaires pour les ménages en âge de procréer, donc des naissances encore plus en berne, donc… vous avez compris dans quel cercle vicieux nous nous enfonçons lentement mais sûrement. Les personnes nées vingt, trente ou quarante ans avant le *baby-crack*, autrement dit celles qui auront quelque peu négligé d'assurer leur descendance, auront de sérieux soucis à la retraite : il leur faudra ou bien se contenter d'une faible pension, ou bien continuer à travailler jusqu'à un âge avancé, ou bien obtenir des pouvoirs publics qu'ils pressurent les actifs à leur profit (ce qui est le scénario privilégié actuellement). Que de conflits intergénérationnels en perspective !

Surtout si l'on persiste à baser les droits à pension de chaque citoyen sur les cotisations par lui versées durant sa vie active, c'est à dire si les législateurs s'obstinent à ne pas tenir compte du théorème de Sauvy dont nous avons parlé à maintes reprises dans cet ouvrage : *nous ne préparons pas notre retraite par nos cotisations vieillesse, mais par nos enfants*. Ce théorème est incontournable : les retraités d'aujourd'hui ne vont pas, dans 20 ou 30 ans, sortir de leur tombeau pour se remettre à travailler au profit de leurs successeurs ! Alors que penser d'un législateur qui dit que, parce que M. Durand et Mme Dupont ont cotisé pour la génération de leurs parents, ils vont à leur tour percevoir des pensions ? S'agissant des retraites, le droit social est complètement en porte-à-faux, par rapport à la réalité.

La première chose à faire est donc de sortir du mensonge officiel qui accorde les droits à la retraite en raison des cotisations versées, pendant la vie active, au profit des retraités. Quasiment tous les pays développés commettent cette erreur. L'escroc Charles Ponzi (Carlo Ponzi, en fait, car il était italien) est devenu la mascotte – officieuse mais bien réelle – de nos systèmes de retraites par répartition. Tant qu'il n'y aura pas de retour au réel, tant que la loi prendra comme critère d'attribution des droits à pension les cotisations versées au profit des personnes âgées, et non la mise au monde, l'entretien et l'éducation des enfants (y compris l'argent versé, actuellement sous forme d'impôt, pour l'Éducation nationale), nous resterons dans le puits, ou, pire, nous continuerons à nous enfoncer.

Une seconde démarche doit être effectuée : abandonner l'idée selon laquelle attribuer des droits à pension en fonction des enfants que l'on a élevés serait remplacer l'amour par une sorte de cupidité. Quand nous avons fait nos études, nous étions avant tout heureux d'apprendre, de découvrir des mondes extraordinaires : Victor Hugo et Shakespeare, les atomes et l'immensité du cosmos, les langues, les sciences naturelles, la chimie, la physique, les maths, l'histoire, la géographie. Nous savions qu'en sus, un bon bagage scolaire et, le cas échéant, universitaire, nous permettrait de gagner correctement notre vie. Mais cette perspective d'un retour sur investissement n'était pas la seule raison de nos efforts. Le principe de plaisir n'est heureusement pas opposé au principe de réalité.

C'est vrai également pour la procréation, l'entretien et l'éducation des enfants : nous avons des enfants parce que ça nous fait plaisir, parce que c'est la source d'un grand bonheur, et non pas parce que c'est utile – obtenir des droits à pension ! Cela ne fait que joindre l'utile à l'agréable. Cette utilité n'a aucune raison d'occulter l'essentiel, à savoir la joie de donner naissance à un ou à des enfants, et de le ou les placer sur les rails de la vie.

La réalité est donc la suivante : à quelques exceptions près, nous ne procréons pas pour percevoir « les allocs », nous ne le ferons pas non plus pour toucher une pension future, mais nous ne crachons ni sur les allocs, ni sur les pensions. Ce qui est dramatique, c'est que nombre de nos concitoyens réfrènent leur désir de donner la vie, parce que cela coûte trop cher ! Le sujet est largement documenté, et ce depuis des années. Le désir d'enfant entre de plus en plus désormais en conflit avec la réalité économique, la capacité à l'assumer, et d'abord, la possibilité d'avoir un logement décent, adapté à une famille avec des enfants, ce qui implique d'avoir une ou plusieurs chambres supplémentaires.

Les prestations familiales devraient permettre aux personnes qui ont envie d'avoir des enfants de réaliser leur projet sans que leur niveau de vie en souffrent rudement. Or, les études économiques en la matière et en premier lieu celles de l'INSEE sont sans appel : en France, avoir un enfant fait chuter le niveau de vie de ses parents de 10 % et de 10 % supplémentaires à chaque enfant en plus. À revenus égaux, à conditions égales. Cela signifie donc que les allocations familiales et les réductions d'impôts ne compensent que très partiellement le coût économique de l'enfant en plus. Ces couples qui renoncent à avoir un troisième enfant, voire un second, voire un premier, parce que cela ferait baisser leur niveau de vie, devraient pouvoir compter sur les allocs pour leur donner la possibilité de réaliser leur projet. Et la société y trouverait son compte, parce qu'elle a un besoin vital de ces enfants ! Au lieu de cela, François Hollande a mis fin au principe d'universalité des allocations familiales, diminuant encore un peu plus les chances de voir la natalité française rebondir, ou tout au moins ne pas diminuer.

Or les chiffres des naissances, moins catastrophiques en France qu'en Italie ou en Allemagne, sont quand même très inférieurs à ce qui serait souhaitable. Ainsi, en 1971, il est né en France 881 000 bébés : très bien ! Mais un demi-siècle plus tard – 49 ans exactement, en 2020 – nous en avons 697 000. Dans un quart de siècle, ces bébés devenus des jeunes gens et jeunes filles devront entretenir des générations bien plus nombreuses que la leur, d'environ un quart, comme celle de 1971. Autant dire que soit les retraités de la cohorte 1971 devront se contenter de pensions calamiteuses, soit les membres de la génération 2021 devront se saigner aux quatre veines pour eux. Un dilemme pas très agréable !

QUE FAIRE POUR AVOIR PLUS D'ENFANTS, MIEUX FORMÉS ?

La réponse à la question « que faire » est donc *a priori* assez simple : une politique familiale intelligente, rompant avec l'objectif purement assistanciel qui s'est progressivement substitué à l'objectif principalement nataliste de l'immédiat après-guerre. Cela veut dire que, à l'instar des salaires attribués aux travailleurs, les prestations familiales doivent être considérées comme un revenu attribué à des personnes qui se rendent utiles, dans un cas à leur entreprise, dans l'autre à leur pays. Les versements de sommes (cotisations ou anciens impôts transformés en cotisations) destinées à financer la formation des enfants et des jeunes devront évidemment ouvrir des droits à pension, au même titre que l'éducation des enfants par leurs propres parents. Ces versements financent l'investissement le plus utile qui soit, l'investissement dans ce que les économistes appellent le capital humain, et il est normal qu'il soit suivi de ce que l'on appelle un retour sur investissement – qui prendra la forme de pensions durant la retraite.

Il existe certes des travailleurs qui ne prennent aucun plaisir à l'exercice de leur métier, mais heureusement ce n'est pas le cas le plus fréquent : beaucoup travaillent non seulement pour avoir de quoi vivre, mais aussi parce que ça leur plaît. Pour l'éducation des enfants, le facteur

« parce que ça leur plaît » – est évidemment plus important, mais l'aspect niveau de vie, pouvoir d'achat, n'est nullement négligeable. Disons que le salarié veut *primo* gagner sa vie, et *secundo* faire quelque chose d'intéressant, tandis que le couple veut *primo* avoir un ou des enfants, et *secundo* obtenir quelque chose en raison du service qu'il rend à la société (le plus souvent sans en avoir conscience, ce qui est aussi le propos sous-jacent de ce chapitre). La proportion d'alcool et de jus de fruits change d'un cocktail à l'autre, mais c'est toujours l'assemblage des deux mêmes composantes de plaisir. Ceci étant, quand élever des enfants ne procure quasiment rien, ni des allocs décentes, ni des droits à pension, mais surtout des ennuis financiers en plus de tout le reste, *trop peu c'est trop peu* : la natalité s'en ressent, et l'avenir du pays est mis en péril. C'est exactement ce qui se passe en France depuis quelques décennies.

Si l'improbable se produit, si le commissariat au Plan, la présidence, le gouvernement et le parlement, ont la sagesse et le courage de s'occuper enfin du long terme, ils ne se polariseront pas exclusivement sur la pandémie, mais travailleront aussi à renforcer les dispositifs qui donneront envie aux jeunes ménages d'aller au bout de leur projet parental. Hélas, cela semble actuellement être le cadet des soucis de ceux qui nous dirigent. Rien d'étonnant, dans ces conditions, à ce que les quelques enquêtes qui ont été menées en Europe fassent état d'un report massif de projets procréatifs dans cette période de pandémie (un chiffre de 51 % a été avancé pour la France par le journaliste Yann Thompson, de France Info), et de renoncements complets dramatiquement fréquents (17 % selon la même source).

L'ARGENT DE LA POLITIQUE FAMILIALE

L'argent consacré à la politique familiale n'est pas la seule chose qui compte, mais il a son importance ! Or le budget de la CNAF, la Caisse nationale d'allocations familiales, a rétréci au fil des ans comme peau de chagrin. Au lendemain de la Libération, en 1946, les prestations familiales atteignirent 738 millions, alors que l'Assurance Maladie n'en mobilisait que 152 ! Pour l'assurance vieillesse, les chiffres de 1946 et 1947 ne sont pas disponibles, mais en 1948 elle dépensait 434 millions, à comparer aux... 2,5 milliards de francs de la branche famille ! En gros, durant les premières années d'après-guerre, les prestations familiales absorbaient la moitié du budget de la *Sécu*. En 2020, c'est 31,3 milliards d'euros pour la branche famille, 213,1 milliards d'euros pour la branche maladie et 243,7 milliards d'euros pour la vieillesse ! La famille est passée de la moitié des dépenses sociales dans l'immédiat après-guerre, à seulement 6,85 % en 2020 ! Et on s'étonne ensuite de la situation dramatique dans laquelle nous nous trouvons.

Avec une prise en charge aussi mince des dépenses induites par l'arrivée d'un enfant en plus dans une famille, il est même remarquable que la natalité ne se soit pas davantage effondrée dans notre pays. Les Français aiment la vie, les enfants, mais leurs législateurs et gouvernants sont aveugles et culs de jatte quand il s'agit de concevoir et de mettre en œuvre une politique familiale digne de ce nom.

En simplifiant, on peut dire que le soutien que la puissance publique doit aux familles nombreuses (à partir de trois) a été sacrifié sur l'autel du mythe du départ à la retraite à 60 ans, mesure démagogique et absurde que l'on doit à François Mitterrand. L'argent qui aurait dû être consacré à préparer l'avenir, en aidant à mettre au monde des enfants et en les éduquant aussi bien que possible, a été utilisé pour obtenir des succès électoraux faciles, en permettant aux Français d'arrêter de travailler trop tôt... Aux États-Unis, pays dont les gouvernants, à la différence de leurs homologues français de l'Union de la gauche, n'ont pas poussé la démagogie jusqu'à baisser l'âge de la retraite alors que l'on vivait déjà plus longtemps outre-Atlantique, et de plus en plus longtemps en excellente forme, les travailleurs n'ont pas été accablés par les charges sociales, et les jeunes ménages ont de quoi élever leurs familles, même en l'absence de conséquentes prestations familiales. Il faut dire que l'imposition des revenus est sans commune mesure avec ce que nous connaissons en France ! L'argent qui n'est pas prélevé n'a pas besoin d'être redistribué.

Nos politiques s'inquiètent, à juste titre, de la diminution des investissements, mais pour eux il s'agit quasiment exclusivement des investissements dans le capital classique. Or la chute de l'investissement le plus important, l'investissement dans ce qu'il est convenu d'appeler le « capital humain », se produit actuellement à deux niveaux : celui de la formation (les écoles, collèges, lycées, universités et autres établissements d'enseignement supérieur ou professionnel), et celui des naissances. Les résultats scolaires des collégiens français sont dans la moyenne selon l'enquête Pisa 2018 – la dernière dont les résultats soient connus, car cette enquête n'a lieu que tous les trois ans. En revanche, l'enquête Timss, qui ne porte que sur les maths, place nos élèves du collège en bas du classement mondial, en chute libre depuis les années 1990.

Cela, joint au déclin de la natalité, est inquiétant. Nos dirigeants ignoreraient-ils à ce point la célèbre maxime de Jean Bodin au XVIe siècle, « *il n'est richesse que d'hommes* » ? Hommes politiques et organisations syndicales et patronales sont anxieux en voyant, du fait de la pandémie, diminuer *hic et nunc* les rentrées de cotisations vieillesse, diminution qui provoque d'importants déficits pour les caisses de retraite : on les comprend ! Mais ils devraient se faire encore davantage de souci pour ce qui manquera comme cotisations vieillesse dans un quart de siècle, faute de naissances aujourd'hui en nombre suffisant. Cela ne semble pas être le cas. Gouverner, ce n'est plus « prévoir », c'est « après moi le déluge ».

UNE SUGGESTION INÉDITE : PERMETTRE À L'ENTREPRISE D'AIMER LA MATERNITÉ

Il est difficilement envisageable d'augmenter massivement les prestations familiales, comme par un coup de baguette magique : cela supposerait de diminuer brusquement le budget affecté à la santé et aux retraites. L'évolution ne peut être que progressive, au fur et à mesure de l'allongement de la durée moyenne de la vie active et de l'amélioration de la productivité de notre système de santé. Mais une initiative pourrait et devrait être prise rapidement : un programme « Bienvenue Bébé » en direction des entreprises.

En quoi pourrait bien consister ce « programme BB » ? L'idée vient tout simplement de l'observation des difficultés, pour l'entreprise ou l'administration comme pour la maman et le papa, de concilier la vie professionnelle et l'arrivée d'un bébé. Pour l'employeur, une collaboratrice qui « tombe enceinte » c'est un ennui délicat à gérer, voire parfois un sacré pépin. Et des dépenses non prises en charge, contrairement aux idées reçues. La *Sécu* ne « rembourse pas » le congé maternité, mais seulement une petite partie ! S'il convient d'apporter des « aides » – mot détestable, mais pratique – au jeune ménage qui accueille un bébé, il est tout aussi important d'aider l'entreprise, l'administration ou l'association qui emploie la jeune parturiente.

Pour être efficace, la politique familiale se doit donc d'être aux petits soins avec l'employeur comme avec la maman. L'arrivée du bébé doit aussi être un joyeux avènement et un joyeux évènement pour l'entreprise et les collègues. Il faut une remplaçante ? Pas de problème, ou du moins un problème pas trop difficile à résoudre, car la CAF va prendre tous les frais à sa charge. Elle peut aussi aider à trouver la remplaçante (ou le remplaçant). Elle s'occupe même de faciliter le remplacement du papa pour la part de congé parental qui le concerne, si l'employeur le souhaite. Bref, il faut tout faire pour que l'employeur de la maman, et dans une certaine mesure l'employeur du papa, ou le chef de service, et les collègues, ne considèrent pas la grossesse puis la période suivant l'accouchement comme un coup dur, pour eux, pour l'entreprise ou le service, mais comme une chance, ou tout au moins un événement parfaitement banal et géré.

Dans un contexte où le travail des jeunes femmes est devenu la règle, l'obstacle numéro un au projet BB est l'absence de dispositions efficaces pour que bébé ne soit pas un problème pour l'entreprise ou l'administration ou l'association qui les emploie.

La politique familiale ne doit plus se limiter à des prestations et à des droits à congés ; elle doit s'étendre à tout ce qui permettra aux entités employant des femmes dont l'âge n'est pas canonique de vivre sans angoisse l'annonce d'une future maternité, parce que la branche famille de la *Sécu* sera devenu un partenaire efficace pour la résolution de tous les problèmes liés à la parentalité qui se posent aux entreprises, aux administrations et aux associations[1].

Cette révolution du rôle des CAF sera aussi l'occasion de simplifier drastiquement le système de prestations familiales, devenu effroyablement compliqué. L'informatisation ayant provoqué des gains de productivité considérables, les CAF auraient dû réduire très fortement leurs effectifs si un directeur de la CNAF, particulièrement astucieux, n'avait pas trouvé la parade : multiplier et compliquer les prestations, même en l'absence d'augmentation de leur montant global, de telle façon que leur gestion exige toujours des effectifs aussi importants. Revenir à des prestations simples, gérables par une fraction seulement du personnel actuel, devrait permettre d'assumer, sans augmenter les frais de gestion, le nouveau rôle attribué à ces organismes.

N'ayant plus à calculer le montant de prestations alambiquées, et à guider des parents perdus dans le dédale des démarches requises pour obtenir la prestation « machin » assortie de la bonification « truc », le personnel des CAF pourrait être en partie reconverti en « anges gardiens » des organismes qui les emploient. Payer des remplaçants, aider à les trouver, aider à résoudre les problèmes pratiques comme l'accompagnement des enfants à l'école ou à la garderie, ne serait-ce pas plus gratifiant, plutôt que de calculer des prestations inutilement compliquées ?

1. Bien évidemment, ces mesures devront être adaptées pour les travailleurs indépendants, les artisans, et les agriculteurs, que le projet BB ne signifie pas perte sèche de revenus et/ou arrêt de l'activité !

Notons au passage que, si l'Assurance Maladie ne se lance pas dans une transformation analogue pour aider les entreprises confrontées aux problèmes que leur posent les accidents de santé (et les accidents « tout court ») de membres du personnel, la branche famille, qui aura une longueur d'avance, pourra également investir ce créneau. Ce sont en fait les rapports avec la Sécurité Sociale des entreprises et autres organismes employeurs qui pourrait évoluer de manière très intéressante, la *Sécu* devenant un prestataire de services permettant à ces organismes d'être à la fois plus attentifs aux problèmes de leurs salariés et collaborateurs, et mieux aidés pour leur trouver de bonnes réponses. Que de perspectives peuvent s'ouvrir à nos assurances sociales si leurs dirigeants, ceux de l'État et les « partenaires sociaux » adhèrent à la philosophie qui sous-tend ces suggestions !

En résumé, il appartient à nos hommes et femmes politiques de mettre de toute urgence en place un plan Marshall en faveur de la natalité française. Il n'est plus possible d'attendre, de fermer les yeux, de reporter le problème à plus tard. La natalité de notre pays, et avec elle, de nos voisins européens, doit rejoindre dans les plus brefs délais au minimum le seuil de renouvellement de la population, fixé par la science et les mathématiques à 2,05 enfants par femme. En-deçà, nous disparaissons à petit feu. Au-delà, c'est la résurrection. Pile dessus, on limite au moins la casse.

Pour y parvenir, les colossaux moyens financiers de la *Sécu* doivent être réorientés, de telle sorte que les parents, actuels ou futurs, ne tirent plus une langue de trois kilomètres de long quand ils ont à assumer la charge financière de leurs enfants. Au minimum, le coût de l'enfant en plus doit être compensé. Et l'on peut raisonnablement envisager qu'une mère de famille qui s'occuperait de ses enfants à temps plein puisse prétendre à un salaire maternel et à des droits à pension.

Ce n'est pas le cas aujourd'hui : les droits à pension des mères de trois enfants ou plus, longtemps (un peu) bonifiés, ont été récemment encore rabotés. L'État tient le moins possible la promesse qu'il leur avait faite.

Selon l'INSEE, en prolongeant les courbes jusqu'en 2050 avec les paramètres de natalité et d'espérance de vie actuels, un Français sur deux sera retraité, touchant par la force des choses comme nous l'avons longuement démontré une retraite de misère. Cinq millions de retraités seront en plus dépendants, les trois quarts ne pouvant pas être pris en charge dans des établissements spécialisés, faute de structures adaptées.

Pour paraphraser le titre du livre de Thilo Sarrazin : « la France disparaît ». L'apocalypse que ce livre tente de prévenir deviendra réalité dans moins d'une génération si rien n'est entrepris pour relancer *immédiatement* la natalité.

Sauf bien entendu à avoir recours très massivement à l'immigration...

Postface

L'APOCALYPSE N'EST PAS INÉLUCTABLE

C'est en écoutant l'interview d'un épidémiologiste qu'a germé l'idée de cette postface.

La plupart des chapitres étant bouclés avec des conclusions assez sombres et des esquisses de solutions, il nous est apparu utile et nécessaire de préciser que nous ne sommes en rien des chantres de l'Apocalypse. Nous sommes des économistes, mais aussi des parents et grands-parents responsables qui souhaitons, bien évidemment, à nos descendants et à tous leurs contemporains, la meilleure vie possible, dans le moins mauvais des mondes possibles.

Lors de cette interview, il était reproché à l'épidémiologiste d'avoir annoncé 50 000 nouveaux cas de Covid-19 par jour à compter de mars 2021. Un scénario apocalyptique qui ne s'est pas réalisé au moment prévu. « Justement » répondit l'épidémiologiste, « c'est l'intérêt de la prévision. En annonçant à l'aide de modèles mathématiques que le rythme des contaminations va s'accélérer considérablement, on obtient l'adoption de mesures qui permettent d'éviter que la prévision ne se réalise ! ».

L'incessant yo-yo des chiffres de l'épidémie atteste, s'il en était besoin, que la mise en œuvre ou la suspension de mesures de prévention ont un effet. Souvent frustrant, pas toujours suffisamment efficace, mais réel.

Les Romains disaient déjà *si vis pacem, para bellum* – si tu veux la paix, prépare la guerre. Expliquer ce qui va survenir si l'on s'obstine à agir dans le mauvais sens ou à ne pas agir dans la bonne direction, est bien encore le meilleur moyen d'éviter que surviennent de véritables désastres. On peut absolument tout dire sur la gestion de cette crise sanitaire et sur la communication autour du virus, de sa transmission et des mesures à prendre pour endiguer sa diffusion, à défaut de parvenir à l'éradiquer. Mais, en revanche, il est impossible de nier que cet épidémiologiste a prédit l'apocalypse sanitaire, non pour annoncer la fin du monde, mais pour que cela n'arrive pas.

Il en va de même pour les constats et les analyses ci-dessus présentés : nous ne disons pas que l'Apocalypse est inéluctable, mais qu'elle est possible et que la probabilité qu'elle survienne (parfois, élevée) dépend avant tout de nos agissements. Il faudra faire évoluer dans le bon sens nos façons d'être et d'agir, faute de quoi il y a de fortes chances que survienne un chaos planétaire. En revanche, si nous agissons judicieusement, audacieusement, et cela, sans traîner, alors l'aiguille des probabilités se déplacera en direction du côté du cadran où figure la mention « anticyclone – ciel bleu » ou tout au moins « variable ».

QUE FAIRE POUR ÉVITER LE PIRE ?

Nous ne proposons pas ici un plan d'affaires, alias *business plan* – un plan qui raconte à des investisseurs une « belle histoire » d'innovations, capables de s'épanouir, quasiment à coup sûr, en production utile et rentable, en ventes et finalement en bénéfices.

Nous sommes conscients que rien n'est gagné d'avance, qu'il faudra préparer et réaliser de nombreuses réformes, inventer et mettre en place des institutions nouvelles, modifier des manières de faire, corriger de nombreuses erreurs. Ce ne sera pas facile. Nous avons simplement quelque idée de ce qu'il serait bon de faire pour construire un avenir qui ne soit pas apocalyptique. L'objectif est de pousser les décideurs à prendre des mesures efficaces, et tout un chacun, à se comporter de telle manière que la catastrophe évoquée, finalement, ne se produise pas.

Dernière crise avant l'Apocalypse aurait donc aussi bien pu s'appeler *Anti-manuel pour éviter la fin d'un monde accueillant*. En effet, poser lucidement les problèmes constitue le premier pas à accomplir pour qui veut leur trouver des solutions. Nous ne visons pas le Paradis, par définition il n'est pas de ce monde. Plus modestement, nous cherchons à prévenir les catastrophes qui pourraient transformer notre bonne vieille Terre en une sorte d'enfer pour beaucoup. Pas les élites, vous l'aurez compris, mais les passagers de troisième classe, à coup sûr, et une bonne partie de ceux de seconde classe. Ils représentent 95 % de l'ensemble « Humanité ».

Certains changements dépendent des pouvoirs publics de chaque pays. Nous avons donc abordé les problèmes correspondants dans une perspective nationale, en prenant comme principal exemple le cas français des retraites et de la Sécurité Sociale, domaine auquel notre pays consacre (en proportion) plus de ressources que la plupart des autres. Néanmoins, l'analyse et les propositions faites ici peuvent être adaptées à bien d'autres pays, car la situation française n'est pas totalement originale, loin s'en faut.

Par exemple, les retraites dites « par répartition » sont, partout dans le monde, basées juridiquement sur les cotisations que versent les travailleurs actuels. Or les milliards d'euros, dollars ou yens de cotisations prélevées tous les mois sont reversés immédiatement, sous forme de pensions, aux personnes âgées. Dans la vraie vie, elles ne préparent nullement les pensions auxquelles, juridiquement, elles prétendent ouvrir droit. La règle juridique est déconnectée de la réalité. On compte en fait, pour les pensions qui seront versées dans dix, vingt ou trente ans, sur la naissance et l'éducation de nouvelles générations. C'est une vérité universelle : que l'on soit dans la brousse africaine, à Calcutta, à New York, à Paris ou à Moscou, c'est la mise au monde et la formation des enfants qui permettent d'espérer percevoir une pension quand l'âge aura fait décliner nos forces – voire un peu avant, pour profiter de longues vacances au « troisième âge ». C'est donc sur toute la planète que se pose le problème du remplacement de législations absurdes qui prévalent pourtant aujourd'hui en matière de droits à pension.

Le problème se pose différemment dans les pays riches, où la natalité est le plus souvent insuffisante, et dans les pays pauvres, où elle est excessive. Nous avons donc traité la question de la dénatalité, cruciale en matière de retraites, seulement en ce qui concerne les pays développés, parce qu'elle ne se pose clairement pas au Nigéria ni en Inde, mais cela ne veut pas dire que les indications fournies en matière de législation des retraites ne concernent définitivement que les pays développés : un jour viendra, espérons-le, où les pays actuellement pauvres mais prolifiques, s'étant développés, cesseront d'avoir un taux de natalité délirant, incompatible avec les capacités de ces pays et plus largement de notre planète.

L'important est de comprendre que la question démographique est primordiale, et qu'elle commande la plupart des autres, qu'il s'agisse de redresser la natalité dans les pays développés, ou de la modérer dans les pays pauvres. Un conflit planétaire entre d'un côté des peuples pauvres et prolifiques, et de l'autre des pays riches mais dont la population décroît serait probablement pire encore que les deux guerres mondiales qui ont endeuillé le XXe siècle. Il faut tout faire pour éviter ce scénario-catastrophe.

Les flux migratoires auxquels l'Europe fait face actuellement ne sont que le prémice de ce conflit prévisible et inéluctable si nous ne faisons rien.

PLAIDOYER POUR LA SAGESSE FINANCIÈRE ET MONÉTAIRE

Les deux premiers chapitres de cet ouvrage sont consacrés à la monnaie et plus largement au système de dettes et de créances, partie très importante de la sphère financière. Monnaie et finance sont en effet le nerf, pas seulement ni primordialement de la guerre, mais plus généralement de l'activité humaine. En effet, la multiplication des créances et des dettes, l'augmentation prodigieuse des montants inscrits sur des comptes ou sur des billets, fait peser une menace sur la solidité de nos économies. Il existe une inflation qui ne se traduit pas complètement par une hausse des prix – que l'on appelle aussi, communément, « inflation », au risque de ne pas comprendre ce qui se passe.

De fait, depuis quelques années, une déconnexion s'opère entre la masse des avoirs théoriques, de l'épargne financière, et la réalité économique. La pandémie du

Covid-19 a sensiblement appauvri la France, mais jamais les Français n'ont eu autant d'argent dans leurs « bas de laine », si l'on veut bien donner à cette expression un sens moderne : le montant des actifs constituant l'épargne des ménages. Et il en va de même pour une grande partie des pays développés. Cette accumulation de créances, excessive par rapport à la réalité économique, fait penser à ce qui se passe lorsqu'un barrage est mis en service : derrière le mur de béton, l'eau s'accumule, tandis qu'en aval le fleuve ou la rivière débite moins qu'à l'ordinaire. Pas de problème si le béton armé est de bonne qualité et si les calculs de structure ont été faits sérieusement. Mais quid, si les architectes et les ingénieurs ne sont pas vraiment compétents ou n'ont pas posé les bons chiffres dans leurs équations ? Un beau jour, ou plutôt un triste jour, crac ! Et un torrent énorme dévale la pente, saccageant tout sur son passage. C'est arrivé à plusieurs reprises au cours de l'été 2021, et pas seulement en Chine.

C'est l'équivalent de cette mortelle déferlante que nous avons voulu prévenir, car mieux vaut prévenir que guérir. En matière financière, les hommes n'ont pas su raison garder ; pour l'instant le barrage résiste, mais l'incompétence manifeste d'une bonne partie de nos dirigeants fait craindre qu'ils ne prennent pas à temps les décisions propres à éviter un désastre financier. Nous devons sans tarder relâcher la pression, aider à ce que se produise une hausse des prix qui ramène le pouvoir d'achat du stock d'épargne financière au voisinage de la valeur réelle des biens que cette épargne devrait représenter. C'est à cette condition que nous éviterons l'apocalypse financière, puis économique. La sagesse financière, aujourd'hui, à la suite des erreurs qui ont été commises, a un nouveau visage : ce n'est plus celui de la stabilité des prix, mais celui d'une diminution progressive du pouvoir d'achat des unités monétaires, jusqu'à ce que soit conjuré le risque de rupture brutale du barrage financier – et *ipso facto* le risque d'apocalypse économique.

ET SI LE CORONAVIRUS S'INSTALLAIT DÉFINITIVEMENT ?

Les essais de prospective sont soumis à une rude incertitude : doit-on s'efforcer de préparer l'après Covid-19, ou faut-il envisager un scénario dans lequel ce virus s'installera définitivement, ou du moins de façon très durable, par exemple pendant plusieurs années, et pourquoi pas plusieurs décennies ? Une telle hypothèse n'a rien d'absurde : le virus *Influenza*, vecteur de la grippe, vient nous rendre visite chaque hiver depuis bien longtemps, et nul ne s'aventure à prédire sa disparition. Or il existe une grande ressemblance entre *Influenza* et Covid-19. Notamment, les deux agents infectieux se transmettent principalement par les sécrétions qui accompagnent la toux et les éternuements. Quant aux précautions à prendre, elles se ressemblent beaucoup : lavage des mains au savon ou utilisation d'un gel hydro-alcoolique. Certaines épidémies de grippe sont responsables de dizaines, de milliers, de millions de morts dans le monde entier.

En France, la grippe se rappelle ainsi au mauvais souvenir de deux à six millions de personnes, selon les années, et provoque le décès d'environ 10 000 de nos concitoyens, plus ou moins selon sa virulence. Neuf décès sur dix surviennent chez des personnes âgées d'au moins 65 ans.

En résumé, *Influenza* et Covid-19 sont cousins germains. Sachant que la grippe hivernale est chronique, il se pourrait bien que le coronavirus le soit aussi – un cousin germain plus agressif, plus dangereux, qui aime aussi la chaleur de l'été, mais qui fait quand même partie de la famille ! Il est donc impossible de ne pas se poser la question d'avoir à vivre, nous, nos enfants, nos petits-enfants, avec ce convive qui s'est imposé sans avoir été invité pendant des années ou indéfiniment.

Nos dirigeants ne paraissent pas avoir compris cela du premier coup, réagissant comme si le ciel nous était tombé sur la tête. Il va pourtant falloir qu'ils agissent un jour enfin en fonction des réalités, si nous voulons vivre autrement que dans une sorte de lazaret, soumis à une succession de confinements et de quarantaines.

LA PROCHAINE ÉCHÉANCE...

L'analyse et les solutions dont nous venons de livrer les grandes lignes paraissent, en ce qui concerne la France, dans une période électorale majeure. La parole va être donnée aux citoyens, fût-ce de manière parcimonieuse. Nous n'allons certes pas vous dire « votez donc pour X plutôt que pour Y ». Mais nous espérons que les éléments d'information et de réflexion que contient cet ouvrage vous seront utiles pour vous faire votre propre opinion. Et, espérons-le, pour éclairer aussi certains candidats et leurs équipes ! Le déficit en culture économique de certains hommes et femmes politiques français, qui s'est vu comme le nez au milieu du visage au cours des précédentes campagnes électorales, est non seulement affligeant, mais très préoccupant. Et, osons le dire, la cause, du moins en partie, de la situation catastrophique dans laquelle nous nous trouvons.

La France n'en est pas à son premier rendez-vous électoral important, mais celui qui vient fait partie de ces consultations qui représentent un véritable enjeu. Ceci parce que notre Humanité traverse une période de son histoire qui est certes passionnante, mais qui est également fichtrement délicate ! Tous les pays, et en particulier la France et les membres de l'Union européenne, ont à vivre une époque cruciale, où il faudra choisir entre la politique de l'autruche qu'ils ne pratiquent que trop bien depuis des années – ne pas trop regarder ce monde vaste et compliqué qui nous entoure – et le conseil donné par Rudyard Kipling dans son célèbre poème – « If » :

« Si tu peux conserver ton courage et ta tête
Quand tous les autres les perdront
Alors les Rois, les Dieux, la Chance et la Victoire
Seront à tout jamais tes esclaves soumis. »

Nous en aurons vraiment besoin, et nos descendants aussi, peut-être même encore plus que nous, pour éviter une Apocalypse qui, commençant par l'économie, et emportant tout sur son passage, pourrait être plus que dévastatrice.

Versailles, Lyon, décembre 2020 – août 2021

Table des matières

Des mêmes auteurs

JEAN-BAPTISTE GIRAUD

Combien ça coûte ? Combien ça rapporte ?, avec David Autissier, Eyrolles, 2007

Les grands esprits ont toujours tort, Éditions du Moment, 2007

Le guide des bécébranchés, avec Laure de Charette, Flore Ozanne et Inès Lacaille, L'Archipel, 2009

Le dico des pourquoi ?, Éditions de l'Opportun, 2017

JACQUES BICHOT

L'organisation monétaire, L'Hermès, 1994

Retraites en péril, Presses de Sciences Po, 1999

Le Labyrinthe. Compliquer pour régner, Manitoba Les Belles Lettres, 2013

Cure de jouvence pour la Sécu, L'Harmattan, 2020

pca cmb
édition pré-presse
livres numériques

44400 Rezé

RECEVEZ NOS PROGRAMMES AVANT PARUTION EN VOUS INSCRIVANT À NOTRE NEWSLETTER SUR RING.FR

RETROUVEZ-NOUS SUR FACEBOOK, TWITTER ET INSTAGRAM

RING

Achevé d'imprimer par CPI Bussière
en septembre 2021

–

Dépot légal : septembre 2021
Numéro d'édition : 01
Numéro d'impression : 2059998

–

ISBN : 978-2-37934-018-5